MACHTVERGESSENHEIT UND MACHTVERSESSENHEIT IN ORGANISATIONEN

WALTRAUD KRAINZ

MachtverGessenheit und MachtverSessenheit in Organisationen

Ein kulturwissenschaftlicher Essay

TURIA + KANT

WIEN–BERLIN

Bibliografische Information der Deutschen Nationalbibliothek

Die Deutsche Bibliothek verzeichnet diese Publikation in der Deutschen Nationalbibliografie; detaillierte bibliografische Daten sind im Internet über http://dnb.ddb.de abrufbar.

Bibliographic Information published by Die Deutsche Nationalbibliothek

The Deutsche Bibliothek lists this publication in the Deutsche Nationalbibliografie; detailed bibliographic data are available on the Internet at http://dnb.ddb.de.

ISBN 978-3-98514-106-7

Cover: Bettina Kubanek, Visuelle Gestaltung, Berlin

VERLAG TURIA + KANT

A-1020 Wien, Leopoldsgasse 14
Büro Berlin: D-10827 Berlin, Crellestraße 14
info@turia.at | www.turia.at

Inhalt

TEIL I – DIE MACHT DES DISKURSES – DISKURSE DER MACHT

Die machtfreie Welt der Regionalbank 9
Modelle der Macht: Von Weber bis Foucault 33
Der Diskurs der schönen neuen machtfreien Welt der Organisation 49

TEIL II – DENKIMPULSE: VON MACHIAVELLI BIS MACHTMISSBRAUCH

Einführung: Lust und Leiden an der Macht 75
Die Macht des Fürsten und des Hirten – ein Vergleich 91
Machtfigurationen: König Ludwig XIV. und sein Hofstaat 101
Die Macht der Überwachung: Das Panopticon 118
Die Macht des Geschlechts: It's a Man's world 139
Blaubart und #Me Too 148

TEIL III – DENKEN JENSEITS DES DISKURSES

Denken als Prozess und Tätigkeit 169
Zur Praxis des Denkens in der Antike 194
Denken ins Unbegangene 208
Literatur 211

»Es gibt im Leben Augenblicke, da die Frage, ob man *anders denken* kann, als man denkt, und *anders wahrnehmen* kann, als man sieht, zum Weiterdenken und Weiterschauen unentbehrlich ist.«
(Foucault 1995a, 15, Hv.WK)

Teil I – Die Macht des Diskurses – Diskurse der Macht

Die machtfreie Welt der Regionalbank

In den vergangenen Jahren hielt ich an der Universität Klagenfurt Feldforschungs-Seminare zum Thema »Macht und Organisation« ab. Es ging darum, die Studentinnen und Studenten für das Thema Macht in Organisationen zu sensibilisieren und damit auf ihre künftige Berufstätigkeit vorzubereiten. Ein Student brachte dies so auf den Punkt: »*Das Thema Macht in Organisationen ist so wichtig und wir machen uns so wenig Gedanken darum.*«

Die Teilnehmerinnen und Teilnehmer erforschten die Macht in unterschiedlichen Organisationen: in der Universität, einer Bäckerei, einer Schokoladenfabrik, einem Kindergarten, einer Polizeischule, einer Arztpraxis, einem Jugendheim, einem Studentenwohnheim, dem lokalen Franchise-Unternehmen einer Modekette und in einem Essens-Lieferservice. Wir gingen dabei nicht von einem abstrakten Modell, sondern von der *Analyse konkreter Praktiken* der Macht aus. Mit der Machtanalytik Foucaults im Rucksack erforschten die Studentinnen und Studenten den Einsatz von Disziplinartechniken und Überwachungsregimen in Organisationen, sie erforschten die Ordnungen von Raum, Zeit und Körper, Techniken der Normierung des Verhaltens, sie beobachteten, wo kleine Widerstände auftauchten und wie die Führungskräfte damit umgingen. Ziel war es, die Mikro-Techniken der Macht, die in diesen Organisationen eingesetzt wurden und deren Wirkungen wahrzunehmen, zu hinterfragen und danach gemeinsam zu reflektieren. Die Methoden der Feldforschung waren teilnehmende Beobachtung sowie quantitative und qualitative Interviews.

Dann wurde das Ergebnis eines Interviews präsentiert, das mich verdutzt zurück ließ: Eine Gruppe sprach mit dem Geschäftsführer einer Regionalbank und dieser erklärte ihr voll Stolz: »*Bei uns gibt es keine Macht mehr, wir haben die Macht abgeschafft*. Bei uns haben die Mitarbeiter ein Mitspracherecht, sie können ihre Ideen einbringen und ihre Arbeitsprozesse selbst gestalten. Wenn Probleme auftreten, dann suchen wir gemeinsam nach Lösungen, die für alle passen.«

Auf die Frage, welche Sanktionen es bei Fehlverhalten gäbe und wie er mit Widerständen umginge, antwortete der Geschäftsführer: »Widerstand gibt es bei uns nicht. Manchmal stellen ältere Mitarbeiter die Notwendigkeit von Veränderungen in Frage, weil sie lieber an den gewohnten Abläufen festhalten, aber dann überzeuge ich sie einfach davon, dass diese Veränderungen notwendig sind. Sanktionen gibt es keine, wir sind ja schließlich nicht mehr im Mittelalter, bei einem Fehlverhalten führe ich ein aufklärendes Gespräch.«

Was der Geschäftsführer sagte, klang wie die Wiedergabe eines Management-Ratgebers: Keine Macht, kein Widerstand, keine mittelalterlichen Sanktionen, stattdessen Mitspracherecht, Autonomie bei der Gestaltung des Arbeitsprozesses, Partizipation durch das Einbringen von Ideen, Lösungsfokus statt Problemfokus, gemeinsames Suchen nach Lösungen, da diese auch für alle passen müssen. Das alles begleitet von Kommunikation, Kommunikation und Kommunikation: von aufklärenden Gesprächen und Überzeugungsarbeit. Überzeugung war aus Sicht des Geschäftsführers vor allem bei den älteren Mitarbeiterinnen und Mitarbeitern nötig, da diesen die Notwendigkeit von Veränderungen nicht sofort einleuchtete, sie diese in Frage stellten und an gewohnten Arbeitsabläufen festhalten wollten. Nach Aussagen des Geschäftsführers schien sich in der Regionalbank die Utopie einer schönen neuen machtfreien Welt der Organisation verwirklicht zu haben. Selbst im Wortschatz kamen Begriffe wie »Macht« oder »Hierarchie« nicht mehr vor.

Die Aussagen des Geschäftsführers erschienen mir völlig realitätsfern und es wäre interessant gewesen herauszufinden, ob seine Mitarbeiter, vor allem die älteren, diese Sicht der Dinge bestätigt hätten. Nun könnte man dies als Selbstdarstellung einer Führungskraft oder als Darstellung der hübschen Schauseite der Organisation abtun, doch diese Deutung schien mir zu einfach. In den Aussagen des Geschäftsführers und in den Wörtern, die er gebrauchte, kam keineswegs nur seine subjektive Sichtweise zum Ausdruck, vielmehr kam ein Diskurs zum Vorschein, welchen der Organisationssoziologe Stefan Kühl als »Diskurs der neuen Managementgurus« (2015, 78) bezeichnet und welchen ich im Folgenden *Diskurs der schönen neuen machtfreien Welt der Organisation* nennen möchte.

Ein Unbehagen angesichts dieses Diskurses, dem doch eine so »harmonische Sozialutopie« (Bröckling 2007, 195) zugrunde liegt, erfasste mich, denn aus dem Diskurs waren alle Spuren der Macht und des Kampfes um die Macht sowie alles Destruktive, das mit Macht- und Herrschaftsverhältnissen in Verbindung steht, getilgt worden. Mein Unbehagen rührte auch daher, dass ein flüchtiger Blick auf Machtverhältnisse in Organisationen genügt, um zu erkennen, dass dieser Diskurs nicht stimmt, dass die Wörter und die Sprache, die verwendet werden, falsch sind, dass mit dieser Sprache die Wirklichkeit nicht benannt, sondern vielmehr verschleiert wird.

Wie zeigt sich nun die Macht in Organisationen? Macht wird in diesen primär als hierarchische Macht verstanden und die Hierarchie basiert auf einem System von Übergeordneten und Weisungsempfängern, sie legt fest, wer wem unterstellt und wer wem übergeordnet ist (Kühl 2015, 97). Lange Zeit galt die Hierarchie unhinterfragt als die primäre Technik der Macht in Organisationen. Wir werden später noch detaillierter darauf eingehen, aber aufgrund einer allgemeinen Demokratisierung der Gesellschaft und einer Veränderung des Umfeldes der Organisationen wurde die Hierarchie in den letzten Jahrzehnten kritisch hinterfragt und es wurden neue Formen der Organisation, wie die Matrixorganisation, entwickelt. Macht sollte in dieser nicht mehr von der Spitze der hierarchischen Pyramide *top down* nach unten fließen, sondern vielmehr auch quer, also horizontal, und von unten, *bottom up*, nach oben. Die hierarchische *Macht der Organisation* sollte durch die demokratische *Organisation von Macht* auf horizontaler Ebene, abteilungsübergreifend und in Gruppen ersetzt werden. Machtmonopole sollten damit aufgeweicht und Mitarbeiter an Entscheidungsprozessen teilhaben können. (Kühl 2017)

Auf die Reduktion hierarchischer Ebenen in Organisationen schien sich der Geschäftsführer der Regionalbank zu beziehen, als er meinte: »Bei uns gibt es keine

Macht mehr. Wir haben die Macht abgeschafft.« Doch ist Macht in Organisationen ident mit Hierarchie, lässt sie sich auf hierarchische Macht reduzieren? Und wurde die Hierarchie wirklich abgeschafft? Wohin führte die Vision eines machtfreien Raumes in der harten Realität des Organisationsalltags? Löst sich der Antagonismus von Mächtigen und Machtlosen wirklich auf, wenn dieser aus dem Diskurs eliminiert wird?

Webers berühmte Definition von Macht

Ich konnte die Aussagen des Geschäftsführers der Regionalbank nicht einfach so stehen lassen. Wie Sherlock Holmes begann ich damit, die Aussagen nach Widersprüchen zu untersuchen. Dabei ging ich von der wohl berühmtesten Definition von Macht aus, welche vom deutschen Soziologen Max Weber (1864-1920) stammt, der auch als Begründer der Organisationssoziologie gilt.

Weber unterschied zwischen Macht und Herrschaft und bezeichnete mit Herrschaft den hierarchisch-bürokratischen Apparat der Organisation. Herrschaft beruhe auf Befehl und Gehorsam, auf Anordnung und Umsetzung, im Unterschied dazu habe Macht viele Gesichter und könne sich in vielen unterschiedliche Formen zeigen, so Weber. Weber definierte Macht folgendermaßen:

»Macht bedeutet jede Chance, innerhalb einer sozialen Beziehung den eigenen Willen auch gegen Widerstreben durchzusetzen, gleichviel worauf diese Chance beruht [...] Der Begriff der 'Macht' ist soziologisch amorph. Alle denkbaren Qualitäten eines Menschen und alle denkbaren Konstellationen können jemand in die Lage versetzen, seinen Willen in einer gegebenen Situation durchzusetzen.« (Weber 1972, 28f zit. nach Imbusch 2012, 11)

1. *Macht bedeutet jede Chance, innerhalb einer sozialen Beziehung den eigenen Willen durchzusetzen:* Weber verband Macht mit dem Durchsetzungsvermögen einer Person, denn wer seinen Willen durchsetzen kann, ist mächtig. Das Durchsetzungsvermögen einer Person ist dabei keineswegs auf die Position in einer hierarchischen Struktur angewiesen. Weber verwies auf große politische und religiöse Führer, die aufgrund ihres Charismas dazu fähig waren, Menschen von ihren Ideen zu überzeugen und sie zu mobilisieren. (Weber 2020, 161)

2. Doch Durchsetzungsvermögen haben nicht nur die Starken und Mächtigen, denn Macht bedeutet, sich in einer Beziehung durchzusetzen, *gleichviel worauf diese Chance beruht, alle denkbaren Qualitäten eines Menschen und alle denkbaren Konstellationen* können eine Person dazu befähigen, ihren Willen durchzusetzen: Kleinkinder können ihren Willen mit lautem Schreien durchsetzen, zittrige Großmütter mittels Halsstarrigkeit – auch die sogenannten Schwachen verfügen über Möglichkeiten, ihren Willen durchzusetzen.

Betrachtet man aus dieser Perspektive die Möglichkeiten, in Organisationen Macht auszuüben, so sind diese keineswegs auf die hierarchische Anordnung beschränkt. Man kann seinen Willen nicht nur mit Anweisung, sachlichen Argumenten und Motivation durchsetzen, sondern auch mit unlauteren Mitteln wie Manipulation, Lüge, Bestechung, Drohgebärden, Mobbing und im extremsten Fall mit psychischer und physischer Gewalt.

Weber ließ letztlich offen, worauf die Möglichkeit zur Durchsetzung des eigenen Willens beruht, da der Phantasie und den Möglichkeiten, Macht auszuüben, keine Grenzen gesetzt sind. Weber bestimmte Macht daher als ein Phänomen, das keine feste Gestalt aufweist: »Der Begriff der 'Macht' ist soziologisch amorph.«

3. Macht bedeutet, den eigenen Willen *auch gegen Widerstreben,* also gegen einen Widerstand durchsetzen zu können. Der Widerstand musste für Weber in einer Machtbeziehung nicht zwingend vorhanden sein, er stellte lediglich ein *potentielles* Element dar. Macht zu haben, bedeutet jedoch, dass man sich auch *im Falle* eines Widerstandes durchsetzen kann. Charakteristisch für Macht ist demnach, dass sie nicht auf Zustimmung angewiesen ist. (Anter 2017, 56)

Dennoch darf das *gegen* in Webers Definition nicht außer acht gelassen werden, denn dieses verweist auf das *polemologische* Moment – das Element des Kampfes, denn *polemos* kommt von griechisch Krieg –, welches jeder Machtbeziehung inhärent ist. Die Durchsetzung des eigenen Willens, der eigenen Interessen oder Werte beinhaltet zumindest potentiell immer auch einen Machtkampf und aus einem Kampf geht naturgemäß der Stärkere als Sieger hervor.

Macht ist damit kein Phänomen des Zusammen-Handelns, sie lässt sich nicht auf ein synergetisches Miteinander reduzieren (Han 2005, 106). Denn auch wenn eine Gruppe miteinander handelt, kann sie ihre Macht dazu benutzen, sie *gegen* eine andere Gruppe einzusetzen.[1] Der Raum der Macht ist demnach durchdrungen von Antagonismen, von gegensätzlichen Willen und Interessen, die sich nicht in der und durch die Kommunikation aufheben lassen.

Interessanterweise ging Weber, nachdem er die wohl berühmteste Definition von Macht formuliert hatte, nicht mehr auf diese ein. Das Amorphe und Gestaltlose der Macht, also das, was die Macht ausmacht, erschien ihm für soziologisches Arbeiten ungeeignet zu sein (Müller 2020, 182f). Erst Jahrzehnte später wurde das Amorphe der Macht durch Michel Foucault wieder Thema in der philosophisch-kulturwissenschaftlichen Auseinandersetzung.[2]

Wenden wir nun den Machtbegriff von Max Weber entgegen seiner eigenen Intention an, um die Vorgänge in der Regionalbank zu analysieren: Wovon spricht der Geschäftsführer? Was ist seine Vision? Und was passiert im Gegensatz dazu wirklich in der Regionalbank?

Die Vision zeigt sich darin, dass es laut Geschäftsführer statt hierarchischer Anordnung ein Mitsprachrecht und Autonomie bei der Gestaltung von Arbeitsprozessen, bei Problemen eine Suche nach Lösungen, die für alle passen, gäbe. Es gäbe zwar Notwendigkeiten, von denen die Mitarbeiter überzeugt werden müssten, aber da es keine Macht gibt, gäbe es auch keine Widerstände dagegen: »Widerstand gibt es bei uns nicht. Manchmal stellen ältere Mitarbeiter die Notwendigkeit von Veränderungen

---

1 Siehe dazu: Hannah Arendt: Macht als gemeinsames Handeln, S. 36.

2 Siehe dazu: Michel Foucaults Gegenstimme: *Es gibt keinen machtfreien Raum*, S. 45.

in Frage, weil sie lieber an den gewohnten Abläufen festhalten, aber dann überzeuge ich sie einfach davon, dass diese Veränderungen notwendig sind.«

Die *hinter dieser Vision liegende Wirklichkeit erkennen wir*, wenn wir die Situation mit *anderen Worten beschreiben*: In der Regionalbank geht es darum, Routinen und Gewohnheiten von Mitarbeitern zu verändern und diese Veränderungen werden von der Führungsriege als notwendig dargestellt. Notwendigkeiten können grundsätzlich nicht hinterfragt werden, eben weil sie notwendig sind und fallen daher nicht in den Bereich, in welchen die Mitarbeiterinnen und Mitarbeiter ein Mitsprachrecht haben.

Nun stellt sich die Frage: Wer trifft die Entscheidung, was in einer Organisation eine Notwendigkeit darstellt und was nicht? Wer legt die Bereiche fest, in welchen die Mitarbeiter autonom arbeiten können und welche davon ausgenommen werden? Denn es ist ein Zeichen von Macht, den Mitarbeitern eine größere Autonomie zuzugestehen, diese aber auch auf gewisse Bereiche einzuschränken.[3] Und diese Entscheidung wird zweifellos von einer Führungsriege, die hierarchisch über dem Geschäftsführer steht, getroffen.

Kommen wir nun zu den älteren Mitarbeiterinnen und Mitarbeitern, welche die Sinnhaftigkeit der Veränderungsvorhaben in Frage stellen. Kühl weist darauf hin, dass sich durch ständige Restrukturierungen die Anforderungen in Organisationen erhöhen, und dass Veränderun-

---

[3] Siehe dazu: *Epowerment*: Probleme als Chancen, S. 61.

gen daher von den Mitarbeitern zumeist als Druck wahrgenommen werden (Kühl 2015, 107). Möglicherweise haben die älteren Mitarbeiter bis zu diesem Zeitpunkt schon einige fragwürdige Restrukturierungen miterlebt, die geliebte Routinen zerstörten und nicht die erhofften Erfolge mit sich brachten. Möglicherweise betrachten sie die nun erneut anstehenden Veränderungen deshalb kritisch und hinterfragen die Notwendigkeit derselben. In einer idealen machtfreien Welt könnten die älteren Mitarbeiter »Nein« zu den gewünschten Veränderungen sagen und an ihren Routinen festhalten, denn die Machtausübung unterscheidet sich vom kommunikativen Akt dadurch, dass bei einem kommunikativen Akt ein »Nein« möglich ist.

Der Geschäftsführer der Regionalbank ist daher, auch wenn er das Gegenteil behauptet, bei seinen Veränderungsbemühungen mit dem Widerstand der älteren Mitarbeiterinnen und Mitarbeiter konfrontiert. Wie geht er nun mit diesem um? Lässt er sie gewähren und an ihren Routinen festhalten oder setzt er seinen Willen *gegen* den Willen der älteren Mitarbeiterinnen und Mitarbeiter durch?

Lassen wir nochmals den Geschäftsführer zu Wort kommen: Wenn die Mitarbeiter die Notwendigkeit von Veränderungen in Frage stellen, »dann überzeuge ich sie einfach davon, dass diese Veränderungen notwendig sind.« In anderen Worten, der Geschäftsführer setzt die Veränderungen nicht hierarchisch per Anordnung durch, sondern mit Hilfe von Argumentation und Kommunikation. Er will die älteren Mitarbeiter von der Sinnhaftigkeit der Veränderungen überzeugen und sie dazu bringen, diese positiv zu betrachten und ihnen motiviert zuzustimmen, er will sie, so die gängige Seefahrtsmetapher, damit »ins Boot holen.«

Das klingt gut – doch halt, die älteren Mitarbeiter sitzen in der Wirklichkeit der Regionalbank ja schon im Boot. Und da die Veränderungen eine Notwendigkeit darstellen, haben sie keine alternativen Handlungsoptionen, was bedeutet: Sie *müssen das tun, wovon sie überzeugt werden (müssen)*. Sie haben keine Wahl, außer sie springen aus dem Boot ins Wasser, was dem Exit aus der Organisation gleichkäme, sie können sich nur dafür entscheiden, entweder motiviert und freudig oder unmotiviert und lustlos mit den anderen mit zu rudern.

Überzeugen muss ich jemanden, der auch mit einem »Nein« auf meine Argumente antworten kann, beispielsweise einen Wähler vor der Wahl oder einen Kunden vor dem Kauf. Ist ein »Nein« nicht möglich, dann stellt die Überzeugung eine kommunikative und vermittlungsintensive Form der Machtausübung dar (Imbusch 2012, 16). Doch wer überzeugt wird, hat zumindest das *Gefühl* er oder sie könnte sich auch dagegen entscheiden und das reduziert wiederum seinen oder ihren Widerstand.

Statt anzuordnen und vorzugeben wird daher erläutert, erklärt und motiviert, statt offen mit Sanktionen zu drohen, wird kommuniziert. Um hier nochmals den Geschäftsführer der Regionalbank zu zitieren: »Sanktionen gibt es keine, wir sind ja schließlich nicht mehr im Mittelalter, bei einem Fehlverhalten führe ich ein aufklärendes Gespräch.«

Natürlich wird heute niemand mehr öffentlichkeitswirksam gefoltert wie im Mittelalter, somit ist diese Form der Sanktion auch in der Regionalbank auszuschließen. Da das tiefste Dunkel des Mittelalters mittlerweile allerorts dem hellen Geist der Aufklärung gewichen ist, kann dies auch der Geschäftsführer für sich fruchtbar machen, um im Falle eines falschen Verhaltens ein *aufklärendes* Gespräch zu führen. Kommunikation und Kulturgeschichte werden aus seiner Perspektive präzise miteinander vereint.

Doch aus der Perspektive der älteren Mitarbeiter stellt sich dies wahrscheinlich anders dar: Sie *müssen* sich an die mit den Veränderungsvorhaben einhergehenden neuen Umstände in der Regionalbank anpassen. Anpassungsdruck zu erzeugen, ist wiederum eine wirksame Technik der Macht, die damit operiert, dass Personen Angst davor haben als Blockierer dazustehen. Nicht der Vorgesetzte, sondern die Alternativenlosigkeit in Kombination mit dem Gruppendruck durch jüngere Mitarbeiter bringt die älteren dazu, sich an die *von oben* gewünschten Verhaltensweisen anzupassen.

***

Wie Sherlock Holmes war es mir mit der geläufigsten Definition von Macht gelungen, die Aussagen des Geschäftsführers zu hinterfragen und als Teil eines Diskurses zu dechiffrieren, der die Wirklichkeit keineswegs abbildet, sondern systematisch verzerrt. Denn entgegen der Darstellung des Geschäftsführers war die Macht in der Regionalbank keineswegs abgeschafft worden: Es gab die Macht noch, es gab Widerstände dagegen, es gab Druck, der ausgeübt wurde. Und letztlich hatte der

Geschäftsführer seinen Willen durchgesetzt, auch gegen Widerstand der Mitarbeiterinnen und Mitarbeiter.

In den Aussagen des Geschäftsführers zeigte sich allerdings, wie sich die Techniken der Macht in der Regionalbank in den letzten Jahrzehnten verändert hatten: Vermittlungsintensive Machttechniken (Han 2005, 14f) wie die »Überzeugung« und das »klärende Gespräch« hatten die hierarchische Anordnung und die »mittelalterliche Sanktion« ersetzt. Der Fokus der Macht lag nunmehr auf der Kommunikation und dem Austausch, Begriffe wie »Macht«, »Hierarchie« oder »Sanktion« kamen nicht mehr vor oder hatten eine antiquierte Bedeutung angenommen, sie wurden als etwas längst Überkommenes betrachtet, das durch progressive Führungsmodelle ersetzt wurde (Kühl 2015, 62).

Durch den Einsatz neuer Machttechniken wurde die Regionalbank jedoch keineswegs zu einem machtfreien Raum, es gerieten lediglich die Machtasymmetrien aus dem Blick und die Kritik an den Machtverhältnissen wurde schwieriger (Bröckling 2007, 193). Das alles wussten die älteren Mitarbeiterinnen und Mitarbeiter aufgrund ihrer bereits gemachten Erfahrungen, deswegen übten sie, wenngleich sicher nur im kleinen Rahmen, Widerstand.

Größere Organisationen sind letztlich Herrschaftsapparate, die von Machtasymmetrien geprägt sind, daran ändert auch der Fokus auf Kommunikation und Partizipation nichts (Clegg 1998, 43). Die Führung mit der Peitsche ist lediglich der Führung mit Samthandschuhen – dem *velvety grip* der Macht gewichen (Mc Kinley/Starkey 1998b, 111) – und eingekleidet in Samthandschuhe hatten die Macht und der damit verbundene Widerstand entgegen den Aussagen des Geschäftsführers auch in der Regionalbank überlebt.

Bevor wir uns dem Diskurs der schönen neuen machtfreien Welt der Organisation daher ausführlich zuwenden, stellt sich die Frage: Wie kam es dazu, dass der Geschäftsführer der Regionalbank zu einem Sprecher des Diskurses wurde? Wie kam es dazu, dass er die Wörter und die Sichtweise, welche ihm der Diskurs vorgibt, ohne nennenswerte Kritik daran übernahm?

Ich stelle mir vor, wie er an zahllosen Weiterbildungsseminaren und Führungskräftetrainings teilnahm, die darauf abzielten, ihm ein Wissen über einen progressiven Führungsstil zu vermitteln und damit die Regionalbank »fit für notwendige Veränderungen innerhalb eines kompetitiven Marktumfeldes« zu machen. Nur durch den Erwerb eines spezifischen Wissens war es ihm möglich, eine Sprecherposition im Diskurs einzunehmen.

Damit der Geschäftsführer das theoretisch erworbene Wissen dann auch in der Praxis umsetzen konnte, nahm er an diversen Workshops teil, wie beispielsweise an Outdoor-Übungen, wo er gemeinsam mit anderen Führungskräften auf senkrechte Felswände kletterte, um damit seine Teamfähigkeit zu stärken. Oder er übernachtete mit seinen Mitarbeitern bei Minusgraden frierend in einem Iglu, um seine Führungskompetenzen zu trainieren. Falls er sportlichen Aktivitäten ablehnend gegenüber stand, konnte er beim gemeinsamen Kochen von Führungskräften lernen, wie man seine rechte und linke Hirnhälfte verbinden und so die Kreativität steigern kann.

Der Geschäftsführer ergänzte sein Wissen durch die Lektüre von Management-und Führungsratgebern und entdeckte in dieser anwendungsorientierten How-To-Literatur staunend, dass es Analogien zwischen der Führung einer Organisation und der Durchführung einer Antarktis-Expedition gibt, und dass erfolgreiche Teams ähnlich funktionieren wie eine gemeinsam improvisierende Jazz-Band (Kühl 2015, 58), oder dass es Ähnlichkeiten zwischen der Schwarmintelligenz von Vögeln und dem geteilten Erfahrungswissen von Mitarbeiterinnen und Mitarbeitern gibt. Ich stelle mir vor, wie der Geschäftsführer sich dadurch den Diskurs der schönen neuen machtfreien Welt der Organisation aneignete, wie er begann, in den Rede- und Wahrnehmungsweisen, die ihm der Diskurs vorgab, zu denken, zu sprechen und wie sich der Diskurs wie eine Linse zwischen dem, was er wahrnahm und dem, was in der Organisation passierte, schob und er nach einer gewissen Zeit die Realität in der Organisation nicht mehr klar erkennen konnte.

These und Ziel

Macht ist gegenwärtig in Organisationen das am stärksten tabuisierte Thema, darin gleichen sich die Befunde der Organisationssoziologie und der Organisationspsychologie. Der Begriff der Macht wird aus den gängigen Management- und Führungsdiskursen eskamotiert zugunsten des Bildes einer schönen neuen machtfreien Welt der Organisation, in der es keine Machtkämpfe oder Interessensgegensätze von Machthabern und Machtunterworfenen gibt (Bröckling 2007, 193). Und wenn doch, dann werden Machtverhältnisse der Über- und Unterordnung eingeebnet und Machtkämpfe als legitime Konkurrenz dargestellt

(Imbusch 2012, 19). Über Machiavellismus und Machtmissbrauch spricht man sowieso nicht.

Es wird viel kommuniziert in der Organisation der Gegenwart und das Sprechen über Kommunikation hat das Sprechen über Macht eliminiert. Kommt Macht vor, dann wird die Machtausübung auf eine Funktion reduziert, die dazu dient, Sachziele zu erreichen oder Macht wird verstanden als *Ermächtigung* zum Handeln und damit als Macht, Dinge zu gestalten und Ideen umzusetzen.

Die gegenwärtigen Management- und Führungsdiskurse fasse ich unter dem Überbegriff *Diskurs der schönen neuen machtfreien Welt der Organisation* zusammen und was sie auszeichnet ist, dass sie eine eigentümliche Realitätsblindheit haben. Die Machtvergessenheit ist ihnen semantisch eingeschrieben, obwohl sie auf der praktischen Ebene Teil eines Dispositivs zeitgenössischer Menschenführung sind.

Jetzt könnte man dem entgegenhalten, dass es nötig sei, eine Vision zu entwickeln, um damit eine Transformation von einem ungenügenden IST-Zustand zu einem besseren SOLL-Zustand an zu regen. Dies mag in gewissen Bereichen wohl so sein, das Problem dabei ist allerdings, dass die »Heilslehre« (Kühl) des Diskurses eine kritische Reflexion von Machtverhältnissen erschwert, weil über Macht in Organisationen nicht mehr gesprochen werden kann.

Denn die Leichen im Keller der Macht zeigen, dass Machtausübung nicht nur produktiv und funktional sein kann, sie kann auch destruktive Wirkungen für andere haben. Macht kann leidvolle Erfahrungen verursachen,

Macht kann sich in brutalem Vorgehen zeigen, Macht kann missbraucht werden und im Machtkampf gewinnt der Stärkere und nicht der Klügere. Der Machtmensch gebraucht die Macht nicht nach ethisch-moralischen Kriterien, sondern wie es ihm nützlich erscheint, in Machtstrukturen sind Ungleichheiten eingelagert und können leicht zur Ausbeutung führen, all dies wird in der Utopie einer machtfreien Organisation ausgeklammert.

Die problematischen Aspekte der Machtausübung können innerhalb des Diskurses nicht mehr wahrgenommen und daher auch nicht artikuliert werden. Was dazu führt, dass der Diskurs der schönen neuen machtfreien Welt der Organisation alle Beteiligten am Funktionieren hält und ein Hinterfragen dessen, was passiert, verhindert. Die Vision der machtfreien Welt der Organisation wird wie die Realität behandelt, während gleichzeitig die Realität der Machtverhältnisse verschwiegen und tabuisiert wird. Eingehüllt in eine diskursive Blase können sowohl Führungskräfte als auch Mitarbeiterinnen und Mitarbeiter ihre Wahrnehmungen nicht mehr zuordnen und ihre Erfahrungen nicht mehr adäquat artikulieren. Der Diskurs wird so selbst zu einem Machtmittel, das der Verschleierung der Realität dient.

Der Diskurs verzerrt somit systematisch die Wirklichkeit, er *verklärt* die Machtverhältnisse statt sie darzustellen. Der Wortschatz des Diskures ist reduziert auf wenige Wörter und Phrasen, er benennt die Wirklichkeit nicht, sondern verschleiert sie. Die Sprecher des Diskurses werden geblendet von den schönen Visionen und Leitbildern, die sie wie eine religiöse Reliquie vor sich hertragen. Der Diskurs gibt vor, was *sein soll* und behindert die

Wahrnehmung dessen, *was ist*, alle Gläubigen, die der Reliquie folgen, tun so *als ob*: als sei der Diskurs realistisch und deskriptiv, obwohl er utopisch und fiktional ist. Denn dem Nicht-Wahrnehmen-Wollen was ist, liege, so Lagasnerie, eine »Logik der Verleugnung« zugrunde. (2021, 31)

Ziel dieses Essays ist es daher, eine Perspektive auf das Machtgeschehen jenseits des Diskurses und der dadurch etablierten Sichtweisen einzuführen, die eine kritische Auseinandersetzung mit der Wirklichkeit der Machtverhältnisse erlaubt. »Denken ist Kritik«, so Hannah Arendt, und zu einem *kritischen Denken* möchte dieser Essay die Anregungen liefern. Und er möchte mich Michel Foucault vor den Gefahren der Macht warnen, denen nur mit einer »kritischen Reflexion gegen die missbräuchlichen Techniken des Regierens« (Foucault 2005d, 297) bei zu kommen ist. Mit dem kritischen Nachdenken über Macht verbunden sind immer Fragen der Ethik und der Moral. Und dabei gilt bis heute der antike Grundsatz: Nur wer sich selbst regieren kann, regiert auch andere gut.

Methodisch orientiert sich der Essay an der Form einer Collage, bei welcher heterogene Elemente wie in einem Notizbuch zusammen gefügt werden. Teil I rekonstruiert den Weg zur MachtverGessenheit im 20. Jahrhundert und unterzieht den *Diskurs der schönen neuen machtfreien Welt der Organisation* sowie damit verbundene Führungspraktiken einer kritischen Analyse. In Teil II liefern Skizzen Denkimpulse und regen zur Wahrnehmung und Reflexion bestehender Machtverhältnisse in Organisationen an. Ein transdisziplinärer Bogen wird hier von der narzisstischen Lust an der Macht, neofeudalen

Dynamiken von Aufstieg und Fall, Formen von panoptischer Überwachung bis hin zum Zusammenhang von Machtmissbrauch und sexualisierter Gewalt gespannt. Die Aneinanderreihung dieser Skizzen ergibt kein systematisches Ganzes, sondern bleibt fragmentarisch. Teil III beschreibt das Denken als Prozess und Übungs-Praxis und stellt Bezüge zur antiken Praxis des Denkens her.

Der Zugang zum Thema Macht ist transdisziplinär, weil Macht das transdisziplinäre Thema *per se* ist und als Ausgangspunkt wird eine kulturwissenschaftliche Perspektive eingenommen. Der Essay möchte der Leserin und dem Leser sowohl analytische Werkzeuge an die Hand geben, die ein theoretisches Verständnis des hochkomplexen Themas Macht in Organisationen ermöglichen, als auch ein anwendungsorientiertes Denken anregen.

Wer klare Definitionen und konkrete Handlungsanleitungen liebt, sollte die Lektüre dieses Essays schon jetzt beenden, damit kann ich leider nicht aufwarten. Grundlage des Essays ist der weite Machtbegriff Michel Foucaults, der in stärkstem Kontrast zum gängigen, funktionalen Modell der Macht von Niklas Luhmann steht. Der enge Machtbegriff Luhmanns geht punktuell in die Tiefe, grenzt jedoch das thematische Feld ein, während der weite Machtbegriff es erlaubt, die vielfältigen Praktiken und Wirkungen der Macht im Ganzen zu sehen. Dadurch kann die Realität von Machtverhältnissen, die durch einen engen Machtbegriff aus dem Blickfeld gerät, erfasst und benannt werden (Sarasin 2009, 219).

Ausgehend von der Machtanalytik des französischen Philosophen Michel Foucault, dem meistzitierten Autor der Kulturwissenschaften, wird auf soziologische Klassiker wie Max Weber und Norbert Elias eingegangen und auf Ansätze der (Organisations-)Soziologie (Kühl, Bröckling, Rosa) Bezug genommen. Die politische Theorie Hannah Arendts und ihre Versuche zu verstehen, dienen ebenso als Grundlage des Essays wie es Texte der Gegenwartsphilosophie (Han, Lagasnerie) tun. Darüber hinaus wird auf psychologische Zugänge (Hirigoyen, Haller, Pechriggl) rekurriert und auf Organisations- und Managementtheorien, deren Autoren Foucault bereits in den 1990er Jahren für sich fruchtbar machten (Townley, Deetz, Clegg, Mc Kinley/Starkey).

Verstehen statt Messen

Wieso eignen sich gerade Fragen der Macht für eine philosophisch-kulturwissenschaftliche Betrachtung? Und welche Werkzeuge kann die Kulturwissenschaft für den Umgang mit der Macht in Organisationen zur Verfügung stellen? Anders ausgedrückt: Wie kann man methodisch umgehen mit der Vielgestaltigkeit von Macht, welche sich einer klaren Definition entzieht?

Als Hannah Arendt, die große Kritikerin totalitärer Systeme, 1964 in einem Fernsehinterview gefragt wurde, welche Wirkung sie mit ihrem Werk erzielen wolle, antwortete sie: »Wenn ich ganz ehrlich sprechen soll, dann muss ich sagen: Wenn ich arbeite, bin ich an Wirkung nicht interessiert. [...] Wissen Sie, wesentlich ist für mich: *Ich muss verstehen.*« (Arendt, 2016b, 11; Hv.WK)

Das Verstehen gilt traditionellerweise als *das* Paradigma der Geistes- und Kulturwissenschaften und stellt damit das Gegenteil des naturwissenschaftlichen Erklärens dar. Verstehen zu wollen, bildet den Ausgangspunkt dieses Essays, der nicht nur, aber auch Resultat einer persönlichen Auseinandersetzung mit Fragen der Macht in Organisationen und einer Reflexion eigener Machterfahrungen darstellt.

Bildhaft gesprochen ist das Phänomen der Macht wie ein Wollknäuel: Viele Fäden laufen hier zusammen, sind miteinander verbunden und überlagern sich. Je nachdem, an welchem Faden man zieht, kommt man zu anderen Erkenntnissen und anderen Sichtweisen. Das Wollknäuel ist eine Metapher für die Komplexität des Phänomens der Macht, welche sich dem Verlangen nach einer Systematisierung und Kategorisierung widersetzt, worauf bereits Max Weber um 1900 hinwies.

Ganz allgemein lässt sich sagen, dass Macht eine »unsichtbare Eigenschaft sozialer Beziehungen« ist (Imbusch 2012, 10), auch wenn die Metapher des Macht*habers* suggeriert, dass es sich bei Macht um einen Besitz handelt. Versucht man, Machtbeziehungen zu analysieren, stellt sich die Frage, welche Ziele mit der Machtausübung erreicht werden sollen, welche Machtasymmetrien vorhanden sind und welche Machtmittel zur Zielerreichung eingesetzt werden. Wichtig für die Analyse von Machtbeziehungen ist überdies, in welchen Formen Macht institutionalisiert ist und zu welchen Erfahrungen die Praktiken der Macht seitens der Machtunterworfenen führen. All dies lässt sich jedoch nicht verallgemeinern, sondern nur anhand konkreter Beispiele veranschaulichen. (Foucault 2005b, 258f).

Wie auch immer man sich dem Thema Macht annähert, eines ist dabei nicht möglich: sie zu messen. Macht lässt sich nicht in Zahlen fassen, sie ist nicht quantifizierbar. Das führt zu nicht unerheblichen Problemen im methodischen Umgang mit der Macht, denn unsere Spätmoderne zielt, in guter Tradition der Moderne stehend, auf Rationalisierung, Berechenbarkeit, Prognostizierbarkeit, auf Statistiken und wissenschaftliche Evidenzen ab (Müller 2020, 172; Reckwitz 2018, 15). Wissen wird verstanden als »objektiviertes«, also auf Zahlen begründetes Wissen (Han 2014, 80, 92) und unser Denken wird heute an Schulen und Universitäten primär an ökonomischen und technischen Modellen geschult. Gerade einem »auf Quantifizierbarkeit angelegten Methodenzugriff« (Imbusch 2012, 9) entziehen sich jedoch Machtprozesse, die Resultate der Machtausübung lassen sich wissenschaftlich nicht prognostizieren (Sarasin 2009, 184, 250).

Aus sprachwissenschaftlicher Sicht ist »Macht« ein *überdeterminierter* Begriff, ähnlich wie Freiheit oder Gerechtigkeit, in welchem sich viele unterschiedliche Bedeutungen wie Sedimente abgelagert haben und unentwirrbar miteinander verbunden sind, weshalb sich der Begriff einer genauen Bestimmung entzieht. Denn Macht ist nicht das Böse (Sartre) und nicht gleichzusetzen mit der Macht des Gesetzes oder des Herrschers. Jede klare Definition von Macht ist somit relativ willkürlich und führt zu einer einseitigen Einengung des Begriffs.

Ähnlich verhält es sich mit dem Versuch, die Macht durch die Position in einer Organisation zu veranschaulichen, wie es Organigramme tun. Mit dieser Form der Visualisierung wird suggeriert, die Macht sei mit der Position ident. Doch Macht kann man nicht besitzen, auch nicht durch eine Position, sie kann nur *ausgeübt* werden und existiert nur *in actu*, also im Vollzug, worauf der Terminus Straf-Vollzug hinweist. Eine Strafe ohne Vollzug macht keinen Sinn. Macht basiert zwar auf Strukturen und damit auf Positionen, die Personen inne haben, doch sie ist gleichzeitig ein *reziprokes* und *dynamisches* Geschehen. Die höchste Position inne zu haben, nützt demnach nichts, wenn die Macht nicht ausgeübt wird oder aufgrund von starken Gegnern nicht ausgeübt werden kann – wie historische Beispiele von ohnmächtigen Königen bezeugen.

Es ist demnach unmöglich, das soziale Phänomen der Macht dem Messbarkeits-Paradigma zu unterwerfen, denn man kann sowohl das Produktive als auch das Abgründige der Macht nicht in Zahlen fassen, im Gegenteil die Rationalisierung hat in der Geschichte schon das größtmögliche Unheil angerichtet. Macht und die Erfahrungen mit Macht lassen sich nur *verstehen*. Man kann die Toten zählen, welche das Terrorregime des Nationalsozialismus hinterließ, man kann die rationalen, gut strukturierten Arbeitsprozesse in den Konzentrationslagern von der Ankunft der Menschen bis hin zur Entsorgung der Leichenberge aufzeigen. Doch dies bedeutet nicht, dass man dadurch die Mechanismen der Macht und die Herrschaftsstrukturen, die dies ermöglichten *versteht*, oder dass man sich in die Menschen, denen unvorstellbares Leid zugefügt wurde, nur annähernd einfühlen kann. Im Gegenteil: Das Schicksal von Menschen verschwindet und verblasst hinter der scheinbaren Objektivität von Zahlen und die Rationalisierung führt zu größtmöglicher empathischer Distanz.

Gerade weil sie mit rationalen Kriterien nicht fassbar und daher diffus ist, eignet sich Macht als Gegenstand der Kulturwissenschaft. Denn die kulturwissenschaftliche Machtanalyse nimmt niemals eine scheinbar rationale und neutrale Perspektive auf das Machtgeschehen ein, sie steht dem Leid, das anderen zugefügt wurde, nicht empathielos gegenüber. Sie ist immer *parteiisch, perspektivisch und polemisch*, da Neutralität in Bezug auf Fragen der Macht niemals möglich ist (Sarasin 2009, 365).

Überträgt man diese Annahmen auf Organisationen, so lässt sich Macht keineswegs einer der beiden Seiten der Opposition von rationalen Management und sozio-emotionalen Führungsverhalten, von Sachebene hier und Beziehungsebene mit Machtaspekt dort –, zuordnen. Denn dass Macht sich nicht messen lässt, bedeutet im Gegenzug nicht, dass Macht nicht durch Zahlen ausgeübt werden kann, die Rationalisierung ist das wohl wichtigste Machtmittel der Moderne. Macht muss daher in Organisationen *sowohl* den weichen *als auch* den harten Faktoren zugerechnet werden, denn es gibt keine neutrale Welt der Zahlen, die jenseits der Macht angesiedelt ist.[4]

[4] Siehe dazu: Das Zahlen-Panopticon, S. 124.

Modelle der Macht: Von Weber bis Foucault

Beginnen wir die Analyse des Diskurses der schönen neuen machtfreien Welt der Organisation mit seiner Entstehungsgeschichte und der Beschreibung des gesellschaftlichen als auch geistes- und sozialwissenschaftlichen Umfelds, in welchem er entstand – mit seiner Genealogie.

Max Weber: Die Organisation als Herrschaftsapparat

Eine Organisation als nicht-hierarchischen und demokratischen Raum zu begreifen, ist umso erstaunlicher, da Max Weber (1864-1920), der als Begründer der Organisationssoziologie gilt, zu Beginn des 20. Jahrhunderts die moderne, rationale Organisation gerade als das Gegenteil der Demokratie, nämlich als einen Disziplinar- und Herrschaftsapparat beschrieb (Müller 2020, 235). Dieser zwinge den Menschen, so Weber, in das »stahlharte Gehäuse moderner Hörigkeit«, in welcher Gehorsam und Unterordnung der Machtunterworfenen eine zentrale Stellung einnehmen.

Weber unterschied zwischen Macht und Herrschaft und während Herrschaft auf einer Befehl-Gehorsam-Struktur beruht, definierte Weber Macht, wie schon eingangs beschrieben, als »jede Chance, innerhalb einer sozialen Beziehung den eigenen Willen auch gegen Widerstreben durchzusetzen, egal worauf diese Chance beruht.«

Während Herrschaft eine stabile, weil institutionalisierte Form der Macht darstellt, hatte Macht für Weber einen diffusen und »soziologisch amorphen« Charakter. Der Raum des Sozialen war für Weber durchzogen von Rivalitäts- und Konkurrenzkämpfen und Führungsfiguren beschrieb Weber als durchsetzungsstarke Machtmenschen, welche in harten Kämpfen den Sieg über den Gegner davon trugen. Denn wer etwas zum Guten ändern wolle, müsse dafür kämpfen, so Weber.

Doch nicht nur um die Durchsetzung des Guten wird gekämpft, sondern auch um die Durchsetzung von Eigeninteressen. Dies lehnte Weber allerdings ebenso wie ein Machthandeln ohne ethische Grundierung ab (Weber 2020, 229). Letzteres beruhe auf dem Recht des Stärkeren und wo das Recht des Stärkeren herrsche, habe die Ethik nichts verloren.

Rund 100 Jahre später sollte sich die moderne Organisation von einem bürokratischen Herrschaftsapparat in eine Art basisdemokratische Gemeinschaft verwandelt haben, die auf Kommunikation, Konsens und Kompromiss beruht? Die durchsetzungs- und kampferprobten Machtmenschen sollten einem »postheroischen« Management gewichen sein, in welchem Führungskräfte als Prozessbegleiter auftreten? Die Machtmonopole der höchsten Führungskräfte sollten wie durch Wunderhand durch demokratische Strukturen ersetzt worden sein? Wie kam es zu dieser »*Machtvergessenheit*« (Imbusch 2012, 404f)?

Zwischen Weber und der Gegenwart liegt im deutschsprachigen Raum eine große Zäsur, die den Blick auf Macht und Herrschaft völlig veränderte: Die Erfahrung der Terrorherrschaft des Nationalsozialismus als – neben dem Stalinismus – einer der zwei großen »Krankheiten der Macht« (Foucault) des 20. Jahrhunderts.

Die Grundlage der Nazi-Tötungsmaschinerie bildete die Kombination von charismatischer Führung, dem reibungslosen Funktionieren eines bürokratischen Verwaltungsapparats und ein bis ins letzte Detail perfektionierter und rationalisierter Vernichtungsprozess. Die fabrikmäßige Vernichtung von Millionen von Menschen, das totale Versagen der Moral aller daran Beteiligten sowie die breite Zustimmung der Bevölkerung zu einem solchen Regime war bis zu diesem Zeitpunkt völlig unvorstellbar gewesen (Arendt 2016b).

Dies führte nach dem 2.Weltkrieg dazu, dass einer Rationalität, die nicht moralisch fundiert war, der Prozess gemacht wurde. Zwischen Goethe und uns liegt Auschwitz (Adorno) und die Vernunft hatte den Menschen nicht nur aus der dunklen mittelalterlichen Unmündigkeit in die strahlenden Helle einer aufgeklärten Moderne geführt, sondern auch die größte Barbarei ermöglicht und war somit in ihr Gegenteil gekippt.

Doch nicht nur die Rolle der Bürokratie und die Rationalität mussten nach dem Ende des Terrorregimes kritisch hinterfragt werden, auch die Rolle charismatischer Führungsfiguren nahm nach Hitler und Stalin eine andere Bedeutung an. Nun war klar, dass Charisma nicht nur dazu dienen konnte, eine revolutionäre Masse hinter sich zu vereinigen, um für eine bessere Welt zu kämpfen, sondern dass vom Charisma auch große Gefahr ausgehen konnte. In Deutschland gewann die Macht- und Herrschaftskritik aufgrund der nationalsozialistischen Vergangenheit eine besondere Bedeutung und war stärker moralisch aufgeladen als in den romanischen Ländern (Honneth 2003, 18).

Hannah Arendt: Macht als gemeinsames Handeln

»Dies hätte nie geschehen dürfen…« sagte die politische Theoretikerin Hannah Arendt (1906-1975) und um die Wiederholung des Unvorstellbaren zu verhindern, prägte sie einen neuen Machtbegriff. Webers traditionelles Modell einer starken Führung in Kombination mit unreflektierter Pflichterfüllung musste ebenso kritisch hinterfragt werden, wie die zur Jahrhundertwende noch positiv besetzten Eigenschaften wie Gehorsam, Obrigkeitsglauben und Pflichterfüllung.

Mit Arendt wurde die »Pflicht zum Ungehorsam« gegen den Staat – der gewaltfreie *civil disobediance* (Thoreau) – zu einem neuen Gebot für kritische Geister. Im Sinne Arendts sollte die Zivilgesellschaft eine demokratische Gegenmacht *von unten* bilden und die Bürgerinnen und Bürger sollten sich aktiv am politischen Prozess beteiligen. Für Arendt diente Macht als Ermächtigung zum Handeln – Macht als *power to*. Macht als Empowerment stellte den Gegensatz zu Macht als *power over*, als Macht von Menschen *über* Menschen, dar.

Die Macht des *power to* geht für Arendt nicht vom Machthaber oder einer singulären Person aus, sondern sie »entsteht, wann immer Menschen sich zusammentun und gemeinsam handeln.« (Arendt 2015, 53) Macht entstehe, so Arendt, dann, wenn Menschen die Initiative ergreifen und etwas Neues beginnen würden.

Während Weber das Machthandeln mit einer charismatischen Führungspersönlichkeit verband, die auf einen bürokratischen Apparat zurückgreifen kann, gründete Arendt die Macht des Handelns auf der Gruppe. Der schlimmste Feind dieser Form der Macht sei die Isolation, so Arendt, denn in einer Atmosphäre gegenseitiger Bespitzelung könne kein Zusammenhandeln entstehen.

Die Macht des gemeinsamen Handelns braucht daher bestimmte Bedingungen, damit sie überhaupt entstehen kann und solche Bedingungen sah Arendt in der antiken, griechischen Polis gegeben. Dort trafen sich die Bürger auf dem öffentlichen Versammlungsplatz, der *agora*, um gemeinsam die Dinge des Gemeinwesens auszuhandeln, Argumente und Überzeugung ersetzten hier die Herrschaft über andere.

In diesem idealen herrschaftsfreien Raum war für Arendt kein Platz für Eigeninteressen, für Lüge und Manipulation gegeben. Macht kann nur dort entstehen, »wo Worte nicht missbraucht werden, um Absichten zu verschleiern, sondern gesprochen sind, um Wirklichkeiten zu enthüllen, und wo Taten nicht missbraucht werden, um zu vergewaltigen und zu zerstören, sondern um (...) damit neue Realitäten zu schaffen.« (Arendt 2016a, 252) Ehrlichkeit, Offenheit, Transparenz, Solidarität und Verzicht auf Tarnung, Täuschung, Lüge bilden die Voraussetzungen dafür, dass in einer Gruppe Macht im Sinne Arendts entstehen kann.

Gerade weil der Machtbegriff Arendts dadurch beeindruckt, dass er die empathischen, positiven und produktiven Elemente von Macht hervorhebt, darf nicht übersehen werden, dass die Voraussetzungen, von denen

Arendt bei der Konzeption ihres Machtbegriffs ausging, in der Realität, vor allem in der Realität von Organisationen, selten bis kaum gegeben sind.

Die Macht des gemeinsamen Handelns wird für Arendt durch nichts begrenzt, außer durch die »Existenz anderer Machtgruppen, (…) die selber Macht entwickeln.« (ebd., 254) Und hier kommt fast unbemerkt mit dem *gegen* ein antagonistisches Element in Spiel, denn für Arendt ließ sich Macht nicht allein auf das gemeinsame Handeln gründen. Letztlich wird gemeinsame Macht auch deshalb gebildet, um sich damit *gegen* andere Gruppen oder Interessen durchzusetzen. (Han 2005, 106f)

Der Machtbegriff von Arendt lässt sich somit nicht auf Kommunikation und Synergie reduzieren, er hat eine strategisch-polemologische Dimension (von *polemos*: griechisch Krieg): Gruppen handeln nicht nur gemeinsam, sie setzen ihre so gewonnene Macht im Kampf und Krieg auch *gegen* andere ein.

Counter Culture und die Kämpfe der 1968er Generation

Hannah Arendt konzipierte ihren Machtbegriff in einer Phase gesellschaftlichen Umbruchs. Mit der Protestbewegung der Counter Culture begann in den 1960er Jahren eine Phase des Empowerments unterschiedlicher gesellschaftlicher Gruppen, deren Wurzeln in der Bürgerrechts- und Black-Empowerment-Bewegung in den USA lagen.

»Keine Macht für niemand« lautete das Motto und alle Arten von Autoritäts- und Machtverhältnissen wurden kritisch hinterfragt: Studenten demonstrierten gegen allmächtige Professoren, Frauen kämpften für rechtliche Gleichstellung, Friedensbewegte kämpften gegen den Vietnam-Krieg und Freigeister gegen die Zwänge einer konservativen Sexualmoral.

Mit diesen gesellschaftlichen Protesten und Kämpfen verbunden waren Fragen der Lebensform: In *Woodstock* zeigte sich eine neue Generation, die sich nicht mehr vorschreiben ließ, wie sie leben sollte. Sie hinterfragte die genormten Biografien ihrer Eltern, welche aus Ausbildung, Familie, Haus und Beruf und einem materialistischen Selbst- und Weltverständnis bestand. Lange Haare, weite Kleider, Jennis Joplin, Jimmy Hendricks und ein Joint reichten ab nun für ein erfülltes Leben aus. Selbstverwirklichung wurde wichtiger als materieller Besitz (Reckwitz 2018, 285-295) und das Projekt zu *der* Arbeitsform der Counter Culture: Kulturprojekte, Wohnprojekte und andere Projekte entstanden, in deren Rahmen mit Selbstorganisation und Basisdemokratie experimentiert wurde (Bröckling 2007, 257f).

Die Counter Culture führte in vielen Bereichen zu einer Transformation und Entnazifizierung der verstaubten Nachkriegsgesellschaft. Doch nicht jedes Projekt, dass mit visionären Ambitionen begann, nahm auch einen guten Ausgang wie das Beispiel der Muehl-Kommune zeigt.

Exkurs: Die Muehl-Kommune

Das radikaldemokratische Projekt der Muehl-Kommune wurde vom Aktionskünstler Otto Muehl Anfang der 1970er Jahre ins Leben gerufen wurde. Muehls Vision war es, sich und andere Kommunarden von gesellschaftlichen Normen und Zwängen, wie Monogamie, Familie, Erwerbsarbeit und Privateigentum , zu befreien und eine alternative Lebensform zu verwirklichen, die auf Gleichrangigkeit, Selbstorganisation und Freiheit basierte. Die Sexualität sollte von der moralischen Prüderie der Nachkriegszeit befreit werden, das Eigentum sollte der Gemeinschaft gehören und Kinder sollten von der Gruppe gemeinsam erzogen werden.

Zu Beginn bestand die Kommune nur aus einer kleinen Gruppe, sie wuchs jedoch später auf 600 Mitglieder an. Damit sich kein Machtmonopol herausbildet, sollte sich diese Gemeinschaft in guter Aristotelischer Tradition gemeinsam regieren; die Personen in Führungspositionen sollten sich abwechseln und alle Belange des gemeinsamen Lebens gemeinsam besprechen und diskutieren. Soweit die Vision.

Doch erstaunlicherweise scheiterte das Experiment nicht nur, sondern verkehrte sich in sein Gegenteil. Ende der 1980er Jahre zeigte sich, dass sich die Kommune in ein Feudalsystem verwandelt hatte, in welchem Otto Muehl wie ein absolutistischer König herrschte. Denn wie alle Sektenführer verfügte Muehl über Charisma und eine große suggestive Kraft, mit welcher er die Kommunarden manipulieren und von sich psychisch abhängig machen konnte. Er umgab sich mit Günstlingen, wodurch eine Art Hofstaat entstand, und so gelang es Muehl, ein Machtmonopol aufzubauen und seine Macht ohne jede Kontrolle auszuüben.

Die Kommunarden waren keineswegs so frei, wie sie es sich vorgestellt hatten, denn sie mussten sich nun neuen Normen unterwerfen. Beispielweise *durfte* die Sexualität in der Kommune nicht nur frei, also polygam, ausgelebt werden, die Kommunarden unterlagen dem *Zwang* dies zu tun und selbst wenn der Wunsch nach einer Zweierbeziehung bestand, wurde dieser kategorisch abgelehnt. Die »Befreiung« der Sexualität diente Muehl am Ende dazu, sich über alle Regeln der Kommune hinweg zu setzen und Kinder und Jugendliche im Namen der sexuellen Freiheit zu missbrauchen. In der Kommune war dieser Missbrauch allgemein bekannt, doch die ergebene Anhängerschar der Kommunarden tat nichts, um die Schwächsten in der Gemeinschaft vor der sexualisierten Gewalt, die von Muehl ausging, zu schützen.

Otto Muehl wurde 1991 wegen sexuellen Missbrauchs und Vergewaltigung zu sieben Jahren Haft verurteilt. (Golblat 2019)

Die Reduktion von Hierarchie in der Organisation

Die Demokratisierung bestehender Machtstrukturen wurde nicht nur auf politischer Ebene eingefordert, sondern auch in traditionellen Disziplinarinstitutionen wie Schulen, Universitäten, Verwaltungen und Unternehmen. Die streng hierarchischen Machtverhältnisse dieser Organisationen erwiesen sich nicht nur angesichts der gesellschaftlichen Demokratisierungswelle als veraltet, sondern auch aufgrund des ab den 1980er Jahren stattfindenden Strukturwandels der Ökonomie von einer industriellen zu einer postindustriellen Ökonomie. (Kühl 2015)

In der Spätmoderne entstanden völlig neue Wirtschaftsbranchen, die Reckwitz unter der Bezeichnung *creative industries* zusammenfasst. Zu den *creative indus-*

tries zählen IT-Dienstleistungen ebenso wie der Bereich von Werbung, Marketing, Design und Innen-Architektur, aber auch das Kulturmanagement, die Musik-, Film-, Videobranche, Mode, Printmedien, Fernsehen, digitale Medien sowie die Tourismusindustrie. (Reckwitz 2018, 111ff) Die *creative industries* bestehen zum großen Teil aus Klein- und Kleinst-Organisationen, die ohne bürokratische Strukturen auskommen.

Doch auch in den Großorganisationen der Industrie und bei Großprojekten im Kulturbereich sollte die klassische Hierarchie demokratischeren Strukturen weichen. Das Versprechen, das damit einherging war, dass Organisationen humaner werden und ihren Mitarbeitern mehr Raum zur Entfaltung geben würden (Kühl 2015, 8).

Der linguistic turn *und der theoretische Fokus auf Kommunikation*

Parallel zu den gesellschaftlichen Transformationen veränderte der *linguistic turn* die wissenschaftliche Landschaft: Philosophie, Kulturwissenschaft und Soziologie fokussierten spätestens ab den 1960er Jahren auf Kommunikation und sprachliche Ordnungen. Der deutsche Philosoph und Soziologe Jürgen Habermas veröffentlichte 1981 sein *opus mangum* »Die Theorie des kommunikativen Handelns« und definierte Macht aufbauend auf Hannah Arendt als die »Formierung eines gemeinsamen Willens in einer auf Verständigung gerichteten Kommunikation«. (zit. nach Han 2005, 111; keine Quellenangabe)

Im Prozess des Austausches und der Verständigung bilde sich demnach der gemeinsame Wille, also die Macht, heraus. Habermas baute mit seiner Konzeption von Macht auf Arendt auf, eliminierte jedoch das polemologisch-strategische Element des *gegen*, welches für Arendt noch bedeutsam war (ebd., 107-111). Dadurch gelang es Habermas, einen rein *kommunikativen*, also auf Kommunikation und Austausch fokussierten Machtbegriff zu konzipieren, mit welchem er die hohen moralischen Erwartungen erfüllte, die nach der Erfahrung des Nationalsozialismus an die Philosophie und Sozialwissenschaft gestellt wurden. (Imbusch 2012, 236).

Theoretisch eng verbunden mit der Kommunikationstheorie von Habermas ist die Systemtheorie, dessen bekanntester Vertreter der Soziologe Niklas Luhmann ist, und welche heute im deutschsprachigen Raum den Mainstream der soziologischen Theorie darstellt.

Für Luhmann stand das Thema Komplexität im Zentrum: Aufgrund der historisch ständig zunehmenden Ausdifferenzierung steige, so Luhmann, die Komplexität in Systemen wie der Gesellschaft oder der Organisation an, womit die Entscheidungs- und Handlungsmöglichkeiten zunehmen würden (Han 2005, 16). Macht dient für Luhmann nun dazu, die »unbestimmte Komplexität menschlicher Handlungsmöglichkeiten« (Luhmann 2012, 18), einzuschränken, sie ist ein »Erfolgsmedium, das die Annahme einer Kommunikation erwartbar macht [...] in Fällen, in denen eine Ablehnung wahrscheinlich ist.« (Luhmann 1997, 336, zit. nach Brodocz 2012, 250) Etwas weniger kompliziert ausgedrückt, dient Macht dazu, dass der Machtunterworfene eher ja als nein zu einer Anordnung sagt, und dass dadurch Entscheidungs- und Umsetzungsprozesse beschleunigt werden. Machtausübung ist für

Luhmann unauflösbar mit Kommunikation verbunden – denn selbst ein Befehl basiert auf Kommunikation, daher spricht Luhmann nicht von Macht, sondern von »Machtkommunikation« (2012).

Indem er Macht auf eine konkrete Funktion innerhalb eines Systems einschränkt, definierte Luhmann Macht sehr präzise, was die Popularität seines Machtbegriffs begründete. Doch der große Vorteil von Luhmanns Machtbegriffs ist auch sein größter Nachteil, denn er schränkt den Blick auf das, was als Macht wahrgenommen wird, extrem ein. Der systemtheoretische Rahmen tilgt überdies jede leiblich-seelische Erfahrung von Macht, womit der funktionale Machtbegriff Luhmanns buchstäblich *blutleer* ist.

Meisterdenker wie Habermas und Luhmann wurden im deutschsprachigen Raum breit rezipiert und waren extrem einflussreich, sie bewirkten, dass einerseits ein kommunikativ-synergetischer Machbegriff (Han 2005) und andererseits eine funktionale Vorstellung von Macht vorherrschend wurden. Alle negativen Aspekte von Macht, wie Unterdrückung und Repression, wurden an den Herrschaftsbegriff ausgelagert und die strategisch-polemologische Dimension geriet ebenso aus dem Fokus des Denkens und Sprechens über Macht wie Machtmissbrauch oder Machiavellismus.

Nicht nur in der Philosophie und den Sozialwissenschaften setzte sich die kommunikationsorientierte Perspektive durch, sondern auch in der Psychologie. Man denke nur an Paul Watzlawicks berühmtes Axiom, also die theoretische Annahme: »Man kann nicht kommunizieren«. Watzlawicks Axiom fand nicht nur in psychotherapeutische Praxen Eingang, sondern in den Bildungskanon und wurde zur Pflichtlektüre in Schulen. Mit Watzlawick wurden Machtkämpfe psychologisch zu Kommunikationsproblemen umgedeutet, die es dann wiederum durch – natürlich! – Kommunikation zu eliminieren galt.[5]

Michel Foucaults Gegenstimme: Es gibt keinen machtfreien Raum

Der französische Philosoph Michel Foucault (1926-1984) nahm damit, dass er in den 1970er Jahren statt der Kommunikation die Macht ins Zentrum seines Denkens rückte, unter den Meisterdenkern seiner Zeit eine singuläre Position ein. (Sarasin 2009, 107f) Für Foucault war alles Soziale durchzogen von Macht und damit auch von Machtkämpfen, denn so das berühmte Diktum Foucaults, »*Es gibt keinen machtfreien Raum*«.

Für Foucault bildete das *Netz* der Machtbeziehungen ein *dichtes Gewebe*, das Institutionen und Organisationen, aber auch die Beziehungen von Mann und Frau, Eltern und Kind und die gesamte Familie durchzieht. Macht konnte daher für Foucault nicht in der »Utopie einer vollkommen transparenten Kommunikation« (2005d, 297) aufgelöst werden, wie dies Habermas vertrat, womit sich Foucault explizit gegen diese einflussreiche Konzeption von Macht aussprach.

---

[5] Siehe dazu: Mediation und Konfliktmanagement: Die Produktivität von Konflikten, S. 57.

Kooperation kann nach Foucault eine Strategie der Macht sein, aber Macht lässt sich nicht auf das Zusammenhandeln reduzieren. Macht kann »auf breiteste Zustimmung stoßen. Sie kann Leichenberge produzieren oder bei allen erdenklichen Drohungen Zuflucht finden«, sie schließt »den Einsatz von Gewalt natürlich ebenso wenig aus wie die Herstellung von Konsens.« (2005b, 255) Macht wirkt somit positiv und produktiv, sie kann ermächtigen, aber auch zu Ohnmacht und Unterdrückung führen.

Foucault stand als französischer Intellektueller nicht unter dem Druck, dem die deutschsprachige Philosophie und Sozialwissenschaft aufgrund der nationalsozialistischen Vergangenheit Deutschlands ausgesetzt war (Honneth 2003, 18). Daher war es ihm möglich zu bezweifeln, dass Utopien das ihnen zugesprochene emanzipatorische Potential hätten. Foucault orientierte sich nicht an humanistischen Idealen, sondern beschrieb *au contraire* wie moderne Machtapparate funktionieren und so den Humanismus konterkarieren. Er analysierte wie das Gefängnis und die moderne Psychiatrie entstanden und in diesen Institutionen das scheinbar neutrale Wissen der Humanwissenschaften eng mit Praktiken der Macht verschränkt wurde; er beschrieb minutiös die Torturen in den Psychiatrien des 19. Jahrhunderts, welchen Patienten im Namen des medizinischen Fortschritts ausgesetzt wurden, Torturen, die wir heute als Folter bezeichnen würden.

Mit seinen historischen Analysen hielt Foucault der Utopie eines herrschaftsfreien Raumes die konkrete körperliche und psychische Erfahrung von Macht gegenüber: »Ich würde der Utopie die *Erfahrung* und das *Experiment* gegenüber stellen.« (1996a, 76; Hv.WK) Erfahrung und Experiment wurden von Foucault eng mit der Körperlichkeit des Subjekts verbunden, denn die Erfahrung der Macht ist eine körperliche, wie auch die Befreiung von und der Widerstand gegen die Macht vom Körper ausgehen.[6] Wir werden von der Macht durchdrungen, indem diese kontinuierlich und mittels unterschiedlicher Techniken auf unseren Körper einwirkt, dieser Formungsprozess wird jedoch von körperlichen Widerständen und »Umlenkungen« (Butler 2003) begleitet.

Widerstände sind nicht nur im Körper zu finden, sondern Machtverhältnisse könnten, so Foucault, nur »kraft einer Vielfalt von Widerstandspunkten existieren«, denn: »Wo es Macht gibt, gibt es Widerstand.« (1983, 116) Die »Widerstände: mögliche, notwendige, unwahrscheinliche, spontane, wilde, einsame, abgestimmte, kriegerische, gewalttätige, unversöhnliche, kompromissbereite« bilden in den Machtbeziehungen »das nicht wegzudenkende Gegenüber.« (ebd., 117) Foucault schlug daher vor, die Machtbeziehungen ausgehend von den Widerständen zu untersuchen. Macht zeige sich, so Foucault, am deutlichsten am Widerstand und durch den Widerstand werde die Macht oftmals erst sichtbar.

Für Foucault charakteristisch ist sein weiter Machtbegriff, er differenzierte erst sehr spät in seinem Werk zwischen Machtbeziehungen, Regierungstechnologien und Herrschaftsapparaten (2005d, 274ff), sah dann jedoch in der Führung von Individuen, die »typische Wir-

---

[6] Siehe dazu: Das Leiden an der Macht, S. 75.

kungsweise von Macht« (2005b, 256). Die *Kunst der Führung* ziele, so Foucault, darauf ab, das Verhalten und Handeln von Individuen zu lenken und zu steuern: »Sie *bietet Anreize, verleitet, verführt*, erleichtert oder erschwert, sie erweitert Handlungsmöglichkeiten oder schränkt sie ein, sie erhöht oder senkt die Wahrscheinlichkeit von Handlungen, und im Grenzfall erzwingt oder verhindert sie Handlungen.« (ebd.; Hv.WK)

Doch das Subjekt kann immer so oder auch anders auf die Anforderungen der Macht reagieren, es verfügt immer über unterschiedliche Verhaltens- und Reaktionsmöglichkeiten. Denn Macht kann für Foucault nur über *freie* Subjekte ausgeübt werden, dort, wo Menschen in Ketten gelegt werden, handelt es sich nicht mehr um eine Machtbeziehung, sondern um Gewalt oder physischen Zwang. (ebd., 257) Der Prozess der Führung ist damit *offen* und die Resultate sind unsicher, auch eine noch so elaborierte Kunst der Führung kann daran nichts ändern.

Geht man wie Foucault davon aus, dass alles Soziale von Antagonismen durchdrungen ist und die »störrische Freiheit« des Subjekts (ebd., 261) der Macht beständig entgegen tritt, so sind Organisationen umkämpfte Terrains, auf denen unterschiedliche Mächte und Kräfte aufeinander treffen. Mächte, die von oben, aber auch von unten kommen, Mächte, die vertikal, aber auch horizontal wirken (Foucault 1983, 113). Diese Mächte sind *territorial verstreut* (Sarasin 2009, 213), prallen aufeinander, verstärken sich oder schwächen sich gegenseitig ab, sie kooperieren oder bekämpfen sich (Clegg 1998, 41ff).

Der Diskurs der schönen neuen machtfreien Welt der Organisation

Definitionen: Diskurs und Dispositiv

Wir sahen nun, in welchem Kontext der Diskurs der schönen neuen machtfreien Welt der Organisation entstand und auf welchen Prämissen er aufbaut. Bevor wir uns der Analyse des Diskurses zuwenden, gilt es noch zu klären, was der Begriff Diskurs bezeichnet.

Der Begriff Diskurs wird mittlerweile inflationär verwendet und dient oft als Synonym für Diskussion. Gängiger weise wird darunter der Austausch von Gedanken verstanden, bei welchem Personen oder Gruppen Argumente für oder gegen Etwas vorbringen. Im Sinne von Habermas geht es dabei darum, einen Ausgleich zwischen unterschiedlichen, einander auch entgegen gesetzten Interessen zu finden.

Im Folgenden verwende ich den Diskursbegriff jedoch nicht in diesem Sinne, sondern im Anschluss an Foucault. Der Diskurs stellt demnach keinen Gedankenaustausch, sondern eine Art von *System* dar, welches den diskutierenden Subjekten *voraus geht* und aus einer *Serie ähnlicher Äußerungen* besteht (Sarasin 2009, 169f).

Der Diskurs *präfiguriert* demnach die Aussagen der Subjekte, die am Diskurs teilhaben. Das bedeutet, dass die Sprecherinnen und Sprecher des Diskurses sich innerhalb eines Rahmens von Denk- und Sprechmöglichkeiten bewegen, der ihnen, vereinfacht gesagt, die Wörter und

Inhalte vorgibt. Der Diskurs gibt vor, was als richtig oder falsch gilt, worüber gesprochen werden darf und was verworfen und ausgeblendet wird, er gibt damit den sprechenden Subjekten eine spezifische Sichtweise auf die Realität vor und leitet sie zu bestimmten Handlungen an (ebd., 181). Der Diskurs filtert, färbt, verzerrt und verformt das, was die Subjekte wahrnehmen und wie sie es wahrnehmen.

Darüber hinaus *autorisiert* der Diskurs bestimmte Personen oder Gruppen zum Sprechen und bewirkt, dass die Stimmen anderer Personen oder Gruppen für »null und nichtig« (Foucault 1996a, 12) erklärt werden. Die Subjekte, die eine Sprecherposition innerhalb des Diskurses einnehmen, müssen über eine bestimmte Qualifikation verfügen, damit ihre Stimme Geltung hat und gehört wird. (ebd., 27) Dadurch rückt der Diskurs partikulare Interessen – zumeist die Interessen der Mächtigen – in den Vordergrund und marginalisiert andere Interessen (Deetz 1998). Der Diskurs ist demnach kein neutrales Medium, er ist selbst durchzogen von Machtverhältnissen, während er gleichzeitig bestimmte Machtverhältnisse stützt, er »*ist dasjenige, worum und womit man kämpft; er ist die Macht, derer man sich zu bemächtigen sucht.*« (Foucault 1996a, 11; Hv.WK)

Bei der kritischen Analyse eines Diskurses geht es darum, den Schleier des Diskurses wegzureißen, um bestehende Machtverhältnisse und die partikularen Interessen, die mit Hilfe des Diskurses durchgesetzt werden sollen, wahr zu nehmen. Denn der Diskurs schiebt sich zwischen unsere Erfahrung von Macht und unser Bewusstsein darüber. (Lagasnerie 2021, 37, 41).

Ein Diskurs ist jedoch keine reine Sprechblase oder ein Plakat, das über die Wirklichkeit geklebt wird und leicht durch ein anderes ausgetauscht werden kann, er ist selbst etwas Faktisches. Er ist Teil eines Dispositives und bis zur Unkenntlichkeit mit nichtdiskursiven Elementen, mit konkreten Entscheidungen, Handlungen, Praktiken, mit Formen des Wissens und mit der Organisation, in welcher er institutionalisiert ist, verwoben. Dadurch bekommt der Diskurs eine wirklichkeitserzeugende Kraft.

Doch auch jenseits der Organisation existiert der Diskurs nicht im luftleeren Raum, sondern steht in Wechselwirkung mit der Umwelt der Organisation und mit anderen Diskursen. Der Diskurs verändert sich und passt sich immer wieder an sein Umfeld an, wie auch er dieses verändert. (Sarasin 2009, 175ff) Der *Diskurs der schönen neuen machtfreien Welt der Organisation* ist demnach Teil eines Dispositivs der Führung (Bröckling 2017, 17) und seine Etablierung in einer Organisation bereits das Resultat von Machtentscheidungen.

Die Vision der mitarbeiterorientierten Organisation

Welche Inhalte stehen nun im Zentrum des Diskurses der *schönen neuen machtfreien Welt der Organisation*? Welche Sichtweisen gibt er vor? Mit welchen Praktiken ist er verknüpft, zu welchen Handlungen leitet er an?

Ich ziehe dafür beispielhaft drei Publikationen aus dem Bereich des Kulturmanagements heran: »Leadership im Kulturbetrieb« (2009), »Der exzellente Kulturbetrieb« (2008) und »Projektmanagement im Kulturbetrieb«

(2005). Der Autor dieser anwendungsorientierten How-To-Literatur ist Armin Klein, ein renommierter Professor für Kulturmanagement, der in den 2000er Jahren damit begann, das systemisch-konstruktivistische Management-Denken vom Unternehmens-Kontext in den Bereich des Kulturmanagements zu übertragen.

Was sagt nun Klein zu Fragen der Macht in der Kulturorganisation der Gegenwart?

In der traditionellen Kulturorganisation, so Klein, werde bürokratische Verwaltung mit autokratischer Führung gekoppelt, doch dieses Modell sei auf Dauer nicht dazu geeignet, die Probleme mit denen Kultureinrichtungen gegenwärtig konfrontiert sind, zu lösen. (2008, 153) Das »stahlharte Gehäuse« als welches Weber die moderne Bürokratie beschrieb, solle sich demnach in ein »chronicaly unfrozen system« (Weick 1979, 39ff, zit. nach ebd., 165) – in ein sich ständig veränderndes System verwandeln und damit in eine Organisationsform, die »lieber Chancen gibt, als Zwang ausübt« (ebd., 155).

Statt auf rationale Planung und autoritäre Anordnung zu setzen, so Klein, solle die Kulturorganisation der Zukunft auf die Bedürfnisse der Mitarbeiter fokussieren, denn diese stellten die wichtigste Ressource dar und müssten daher zum Ausgangspunkt der Führung, von *Leadership,* gemacht werden. (2009, 35f) Liege der Fokus des traditionellen Managements auf Verwaltung, Planung und der Etablierung von standardisierten Arbeitsprozessen, so rücke *Leadership* im Gegensatz dazu die menschlichen Aspekte von Führung ins Zentrum, alles Humane, Emotionale und Soziale, so Klein. Unter Leadership werden dabei »Eigenschaften von Führung verstanden, mit deren Hilfe es gelingt, Mitarbeiterinnen und Mitarbeiter von Visionen, Zielen, Werten oder Handlungsweisen zu *überzeugen*.« (ebd. 11, Hv.WK)

Führung bestehe demnach nicht darin, Anweisungen zu geben, sondern werde zu einem »Prozess der *Beeinflussung* der Mitarbeiter« (2005, 135; Hv.WK) und die Führungskraft demnach zum Prozessbegleiter. Überzeugen statt anordnen, motivieren statt verwalten, Selbstverpflichtung fördern statt fremdbestimmen kann mit Klein als das Credo des Leadership-Konzepts aus systemisch-konstruktivistischer Sicht (2009, 58) zusammen gefasst werden.

Wie sieht nun für Klein die ideale Führungskraft aus? Sie hat eine empathische Einstellung zu den Mitarbeitern und kann sich in diese einfühlen. Doch Empathie alleine reicht für Führungskräfte nicht aus, sie sind leicht »von neuen Ideen zu begeistern, arbeiten mit Visionen, sind risikofreudiger [...] und treiben Veränderungen an« (2005, 135), um damit das produktive Lernen der Organisation zu ermöglichen. Innerhalb einer »lernenden Organisation« (2009, 52ff) habe ein autoritär-hierarchischer Führungsstil, so Klein, keinen Platz und müsse durch einen demokratisch-partizipativen Führungsstil ersetzt werden (2005, 136).

Wenn die Organisation als ein sich ständig veränderndes System – als *chronicaly unfrozen system* –, begriffen wird, welches permanent auf die Veränderungen in seiner Umwelt reagiere, dann werde, so Klein, die damit einhergehende Unruhe zum Normalfall. Veränderung sei demnach nichts Außergewöhnliches, sondern finde täglich statt und erfordere »permanent lern- und entwicklungsbereite Mitarbeiter.« (2009, 61)

In der lernenden Organisation entstehe, so Klein, eine Organisationskultur, die sich von den »Pathologien« und »Krankheiten« der alten bürokratisch-tayloristischen Organisation befreie und in welcher die Kommunikation an die Stelle der Hierarchie trete. Daher müsse in dieser der hierarchiefreie, informale Austausch maximal gefördert werden. (2009, 61f; 2008, 150ff) Damit würde auch die in der traditionellen Bürokratie so verpönte Leidenschaft wieder Einzug halten und eine leidenschaftliche Hingabe an die gemeinsame Arbeit ermöglichen, so Klein (2008, 167). Es gehe demnach in diesem durch und durch positiven Umfeld der lernenden Organisation nicht mehr darum, möglichst konfliktfrei und harmonisch miteinander zu arbeiten, sondern darum, produktiv mit den unvermeidlichen Konflikten umzugehen, da sich unterdrückte Konflikte und eine falsch verstandene Harmonie ansonsten negativ auf das Arbeitsklima auswirken würden. Gerade Konflikte, so Klein, ermöglichten es allen Beteiligten zu lernen, sie wirkten stimulierend und führten zu neuen Sichtweisen. (2009, 62; 2005 146f)

Diskursive Verwandlung: Vom umkämpften Terrain zum machtfreien Raum der Organisation

Wie bereits ausgeführt wurde, präfiguriert der Diskurs die Aussagen der Sprecherinnen und Sprecher und gibt bestimmte Sichtweisen auf die Wirklichkeit vor. Er gibt vor, was relevant ist und worüber gesprochen wird, gleichzeitig blendet er bestimmte Sichtweisen und Stimmen aus und schafft einen Raum des Nicht-Benennbaren.

Sehen wir uns nun die Semantik des Diskurses der schönen neuen machtfreien Welt der Organisation genauer an: Bestimmte Schlüsselwörter wie *Mitarbeiter, Team, Vision, Ziel, Werte, Chancen, Lösungen, Wandel, Wachstum, Dialog, Kommunikation, Kooperation, Partizipation, Produktivität, Exzellenz, Autonomie, Herausforderung,* aber auch Verben wie *mobilisieren, beeinflussen, fördern, begeistern, motivieren, verändern, lernen, öffnen und überzeugen* stechen im Diskurs hervor.

Was nicht sein soll, wird dagegen nicht benannt, vor allem negativ konnotierte Begriffe wie *Hierarchie, Zwang, Befehl, Druck, Autorität, Chef* sowie alle Komposita mit Macht wie *Machthaber, Machtunterworfener, Machtmensch, Machtkampf, Machtmissbrauch, Machtbesessenheit, Machthunger, Machtgefälle oder Machtasymmetrie* werden gänzlich weggelassen. Diese werden durchgängig durch neutrale oder positiv konnotierte Wörter wie *Steuerung, Führung, Management, Leader, Leadership, Prozessbegleitung* ersetzt, wodurch ein dichotomer semantischer Raum entsteht, in welcher die eine Seite ausschließlich positiv konnotiert ist und die andere Seite entweder ausgeblendet wird oder als negative Folie dafür dient.

Aus dem Diskurs sind damit die ungleiche Verteilung von Macht in Organisationen sowie alle Spuren des Kampfes um die Macht getilgt. Das *power over* wird durchgängig durch ein *power to* ersetzt, die strategisch-polemologische Dimension von Macht durch die synergetisch-kommunikative Dimension. Folgt man dem Diskurs, so geht es in der Kultureinrichtung der Zukunft nicht mehr darum, *Macht über* andere auszuüben, sondern nur um die *Ermächtigung zu etwas*. Die *Macht der Organisation* als eines Disziplinar- und Herrschaftsapparates weicht hier der *Organisation von Macht* in Gruppen und Teams (Imbusch 2012, 13; Kühl 2015, 65).

Damit findet eine *diskursive Verwandlung* der Organisation von einem Herrschaftsapparat (Weber) oder einem umkämpften Terrain (Foucault) in eine pazifizierte Ordnung (Bröckling 2007, 171) statt und die Figur des Machtunterworfenen weicht einem kommunikativen, konsensorientierten und lösungsfokussierten Subjekt, das auf Augenhöhe mit dem Vorgesetzten steht.

In der »Heils- und Harmoniesemantik« (Bröckling 2017, 168) des Diskurses der schönen neuen machtfreien Welt der Organisation gibt es statt Krisen nur mehr *Herausforderungen*, statt Problemen nur mehr *Lösungen*, statt Anordnungen *Autonomie* und *Selbstorganisation*, statt Machtkämpfen *produktive Konflikte*, statt Gegnerschaft *Kooperation*, statt unvereinbarer Interessensgegensätze *Differenzen*; Veränderung wird von einem Vorgang, der Chaos erzeugt, zum Prozess permanenten Lernens. Durch den Diskurs entsteht eine utopische machtfreie Welt, die Kritik an bestehenden Machtverhältnissen fast unmöglich macht. (Bröckling 2007, 213).

Die an Harmonie orientierte Diskurssemantik wird durch Visualisierungen unterstützt. Das wohl bekannteste Sujet ist eine Gruppe, die um einen runden Tisch sitzt und eine kooperative Organisationsform symbolisiert. Hier finde, so die Suggestion, Kommunikation auf Augenhöhe statt, hier seien alle Personen gleichwertig. Am runden Tisch erinnert nichts mehr an die pyramidale Organisationsform und bestehende Machtgefälle von oben und unten.

Ein weiteres verbreitetes Sujet stellt die gemeinsam auf einer pittoresken Alm wandernde Gruppe dar, die in Richtung eines schneebedeckten Gipfels marschiert. Angeführt wird die Gruppe von einem Bergführer, der sie unterstützt, Gefahren antizipiert und seine Schäfchen wie ein guter Hirte sicher durch alle Gefahren des Aufstiegs führt.[7] Oder wir sehen einen Kletterer, der sich in einer steilen Felswand mutig nach oben kämpft. Ein flüchtiger Blick genügt, um zu erkennen, dass es sich dabei um ein selbst-ermächtigtes und leistungswilliges Individuum handelt, das bereit ist, Risiken auf sich zu nehmen, um hohe Ziele zu erreichen.

Visualisierungen dieser Art, dienen nicht nur dazu, Diskursinhalte zu veranschaulichen, sondern auch dazu, diese affektiv aufzuladen und mit positiven Emotionen anzureichen, denn ein Bild sagt mehr als tausend Worte (Reckwitz 2018, 235).

Mediation und Konfliktmanagement: Die Produktivität von Konflikten

Wie bereits aufgezeigt wurde, ist ein Diskurs keine rein fiktive Konstruktion, er ist innerhalb eines Dispositivs eng mit nicht-diskursiven Praktiken und mit unterschiedlichen

---

[7] Siehe dazu: Der gute Hirte: führen statt herrschen, S. 97.

Formen des Wissens verschränkt.[8] Im Folgenden möchte ich auf Mediation und Konfliktmanagement als zentrale Praktik im Dispositiv gegenwärtiger Menschenführung eingehen (Bröckling 2017, 140-174).

In der schönen neuen machtfreien Welt der Organisation ginge es, so der Professor für Kulturmanagement Klein, nicht mehr darum, Konflikte zu vermeiden, sondern darum, möglichst produktiv mit diesen umzugehen. Diese Sicht auf Konflikte ist relativ neu, denn die klassische Organisationswissenschaft sah in Konflikten eine Störung, die es schnellstmöglich zu entschärfen galt. Dies geschah dann mittels einer hierarchischen Anordnung und erzeugte einen Sieger und einen Verlierer. (ebd., 146)

Doch Mary Parker Follett brachte in den 1920er Jahren eine völlig neue Perspektive auf Konflikte in die Management-Theorie ein. (ebd., 146f) Follett beobachtete, dass Konflikte in Organisationen nicht zu vermeiden waren und stellte fest, dass diese auf *Differenzen* zurück zu führen waren, also auf unterschiedliche Interessen, Werte und Überzeugungen. Follett argumentierte, man solle Konflikte daher als das Aufeinandertreffen unterschiedlicher Bedürfnisse begreifen und bei der Konfliktlösung beiden Seiten gerecht werden. Statt Konflikte auf Kosten einer Partei zu lösen, müsse man die unterschiedlichen Bedürfnisse *integrieren*. Man würde, so Follett, zwei Sieger erzeugen, wenn »eine Lösung gefunden wurde, in

---

[8] Siehe dazu: Der Beratungsmarkt und die Neutralisierung von Macht, S. 69.

der beide berücksichtigt sind und keine Seite etwas aufgeben muss«, so Follett (2014, 1, zit. nach ebd., 146).

Spieltheoretiker bezeichneten diesen Umgang mit Konflikten in den 1960er Jahren als *Win-Win-Situation*. Denn ab dieser Zeit wurde damit begonnen, systematisch Wissen zum Thema Konfliktlösung zu produzieren und neue Typen des Experten entstanden: der Mediator und der Konfliktmanager. Ab den 1980er Jahren begann sich ein boomender Markt für Mediation und Konfliktmanagement zu entwickeln und überall dort, wo ein Konflikt aufbrach – egal ob in einer Liebesbeziehung oder zwischen Staaten – , griff man nun auf die Expertise eines Mediators oder Konfliktmanagers zurück. (ebd., 141)

Auch in der Organisation zielen Mediation und Konfliktmanagement darauf ab, alle Antagonismen und Interessensgegensätze durch die gemeinsame Suche nach einer Lösung zu beseitigen oder schöner ausgedrückt *zu integrieren*. Überall dort, wo Konflikte auftreten, ist die Führungskraft nun dazu angehalten, den Prozess der Lösungsfindung zu steuern und zu begleiten.

Der *problem-solving-approach* geht dabei davon aus, dass prinzipiell alle Konflikte lösbar seien, wenn im Prozess der Lösungsfindung die Interessen beider Kontrahenten, sprich *Parteien*, berücksichtigt werden. Schuldfragen treten dabei ebenso in den Hintergrund, wie die Geschichte des Konflikts und die Frage, von welcher Partei der Konflikt ausgegangen ist. Um zu einer Lösung zu finden, hat jede Partei den gleichen Status und muss mit ihren Wünschen, Bedürfnissen und Gefühlen ernst genommen werden, es gibt keine Angreifer und keine Angegriffenen, keine mächtige und keine machtlose Partei. (ebd. 147-170)

Durch seinen Fokus auf Kommunikation ist das Konfliktmanagement in der Nähe therapeutischer Konfliktbearbeitung angesiedelt und setzt zahlreiche Praktiken der Kommunikationspsychologie wie aktives Zuhören, Rollentausch oder Offenbarung von Emotionen ein. Die *Psyche* wird als Schlüssel zur Lösung des Konfliktes betrachtet und es wird davon ausgegangen, dass alle beteiligten Parteien den ehrlichen Wunsch haben, den Konflikt zu lösen und mit offenen Karten spielen. (ebd.)

Damit setzen Mediation und Konfliktmanagement ein konsensorientiertes, lösungsfokussiertes und vertrauensvolles Subjekt voraus, das keinerlei Täuschungsabsichten hat, das nicht lügt und nicht darauf abzielt, die anderen Beteiligten zu manipulieren.[9] Jeder, der sich diese Liste an Voraussetzungen ansieht, wird sofort die in dem Modell eingebauten Sollbruchstellen erkennen. Denn was im Beziehungskontext nur selten klappt, funktioniert im Organisationskontext noch viel seltener.

Doch dieser offensichtliche *gap* zwischen Anspruch und Wirklichkeit scheint die Experten und Expertinnen im Bereich des Konfliktmanagements nicht weiter zu stören. Denn kommt es im Prozess der Mediation zu keiner Schlichtung des Streites führt dies keineswegs dazu, dass die Voraussetzungen der Praktik hinterfragt werden, im Gegenteil. Das Scheitern wird zumeist mit der mangelnden Kommunikationsbereitschaft der Konfliktparteien

---

[9] Siehe dazu: Machiavelli: Machthandeln ohne Moral, S. 91.

begründet, denn hätte man nur lange genug und in geeigneter Form miteinander gesprochen, hätte sich der Konflikt schon lösen lassen... (ebd., 171)

Doch Konflikte lassen sich nicht auf eine dysfunktionale Kommunikation reduzieren. Zumeist stehen hinter unlösbaren Konflikten massive Interessensgegensätze und damit verbundene Machtkämpfe. Machtmenschen und Machiavellisten sind überdies perfekt darin, Mediation und Konfliktmanagement für eigene Ziele zu instrumentalisieren und aufgrund ihres Status als Partei müssen sie dabei keinerlei kritische Fragen befürchten.

Empowerment: *Probleme als Chancen*

Einer der schillerndsten Begriffe im Dispositiv zeitgenössischer Führungskunst ist der Begriff des *Empowerments*, der seit den 1980er Jahren seinen Aufstieg feiert. Er lässt sich problemlos in psychologische als auch in feministische Modelle, in basisdemokratische als auch in neoliberale Konzeptionen von Macht, in sozialpädagogische Arbeit als auch in die Gesundheitsförderung integrieren. Selbst im Strafvollzug, durch welchen der Staat das Individuum maximal ent-mächtigt, soll dieses nun paradoxerweise empowert werden. (Bröckling 2007, 180-214)

In Organisationen bedienen sich sowohl Personalmanager als auch Organisationspsychologen, Managementberater als auch Coaches des Empowerment- Begriffes, wobei Empowerment als Handlungsanleitung für so ziemlich jeden dienen kann, von der höchsten Führungskraft abwärts bis zur *Cleaning Managerin*, die schon durch die euphemistische Namensgebung eine Aufwertung und

Selbst-Ermächtigung erfahren soll. Wer im Sinne der Organisation kreativ, innovativ und verantwortungsvoll tätig sein soll, müsse vorher dazu empowered worden sein und durch Empowerment ließen sich, so die verheißungsvolle Vision, alle Probleme in Chancen und Herausforderungen verwandeln. (ebd.)

Wie im Bereich des Konfliktmanagements habe sich, so Bröckling, daher rund um den Empowerment-Begriff ein Markt gebildet, in welchem Expertinnen und Experten die praktische Umsetzung selbstbestimmten Verhaltens anleiten. Dieser reicht von motivationsfördernden Vorträgen über Workshops zur Selbstermächtigung bis hin zu individuellen Coachings und Beratungen. Lesen Sie genau, so werden Sie hier den Widerspruch bemerkt haben: Es bedarf demnach einer professionellen Anleitung *to empower people,* denn das Empowerment-Konzept geht davon aus, dass die Machtlosen und Ohnmächtigen zuerst als solche identifiziert werden müssen. Erst danach können sie mithilfe psychologischer oder gruppendynamischer Instrumentarien zur Selbstermächtigung angeleitet werden. (ebd.)

Die Empowerment-Programme lenken die Ermächtigung demnach in die von oben gewünschten Bahnen und verhindern gleichzeitig, dass sich Mitarbeiter allzu sehr ermächtigen und beginnen, Vorgaben kritisch zu hinterfragen. Denn das Empowerment soll lediglich dem *Gefühl* der Ohnmacht ein *Gefühl* der Ermächtigung gegen über stellen, da empowerte Mitarbeiterinnen und Mitarbeiter motivierter und leistungsfähiger seien als nicht-empowerte. (ebd., 191-195) Dass die *gefühlte* Ohnmacht reduziert wird, bedeutet im Gegenzug jedoch nicht, dass sich die Machtverhältnisse tatsächlich verändern und die Empowerten *real* mächtiger werden. Empowerment bedeutet in diesem Sinne, dass in der Organisation alles beim Alten bleiben darf und die Machthaber nicht der Gefahr einer Revolution *von unten* ausgesetzt werden.

Hannah Arendt ging davon aus, dass Macht dort emergiert, wo Menschen sich selbstbestimmt zusammenschließen, um gemeinsam zu handeln, ohne dafür einen How-To-Ratgeber, einen Motivations-Vortrag oder einen Aktivierungs-Coach zu brauchen. [10] Diese Form des Empowerments ist jedoch voraussetzungsreich und in Organisationen keineswegs gegeben. Selbst die maximalste Ermächtigung findet in der Organisation nur in einem engen, vorher festgelegten Rahmen statt. Wer nackt auf dem Tisch tanzt, um dadurch seine Ohnmachtsgefühle zu überwinden, wird sehr schnell feststellen, dass Empowerment kein Freibrief für Unkonventionalität ist.

Bröckling konstatiert daher, dass Empowerment in Organisationen nur das alte Personalmanagement in einem neuen Gewand sei, und dass die Organisation, innerhalb derer die Mitarbeiterinnen und Mitarbeiter ermächtigt werden, deren Ermächtigung gleichzeitig untergrabe. (2007, 207)

---

[10] Siehe dazu: Hannah Arendt: Macht als gemeinsames Handeln, S. 36.

Die Wirklichkeit der Organisation: Machtkämpfe, Machtgefälle und Machtmonopole

Was passiert nun, wenn der Diskurs der schönen neuen machtfreien Welt und die damit verbundenen Praktiken im Organisationsalltag umgesetzt werden? Kann das Versprechen des Diskurses, dass sich die Organisation als klassischer Herrschaftsapparat in eine »hierarchielose, demokratische, hochinnovative und flexible« (Kühl 2015, 17) Organisation verwandelt, in welcher über dem Wohl der Mitarbeiter nur noch das Wohl der Kunden steht, eingelöst werden?

Der Organisationssoziologe Stefan Kühl untersuchte empirisch, welche Wirkungen der Diskurs der schönen neuen machtfreien Welt der Organisation, welchen er als »Diskurs der neuen Managementgurus« (ebd. 78) bezeichnet, in Organisationen entfaltete, wobei sein Augenmerk auf größeren Wirtschaftsunternehmen lag.

In den untersuchten Organisationen wurden hierarchische Ebenen reduziert und Projektgruppen und Arbeitsteams installiert, die über Freiräume zu selbstorganisiertem Arbeiten verfügten. Modelle partizipativen Managements wurden eingeführt, wodurch Mitarbeiter die Möglichkeit bekamen, sich in Entscheidungsprozessen einzubringen. (ebd., 60-67)

Damit einher ging die Veränderung von stark formalisierter, hierarchischer Kommunikation zu loser und informeller Kommunikation in kleinen Teams und Netzwerken. Das in der Management-Literatur ausgegebene Motto, dass eine erfolgreiche Organisation drei Dinge brauche, nämlich *Kommunikation, Kommunikation und*

Kommunikation, führte dazu, dass tatsächlich viel mehr Zeit für diese aufgewandt wurde. Durch die Reduktion von Hierarchie und neue Führungspraktiken nahmen die Gefühle individueller Machtlosigkeit ab, was die Mitarbeiterinnen und Mitarbeiter als Abschaffung der Macht wahrnahmen. (ebd.)

Doch interessanterweise stimmten die Wahrnehmungen der Mitarbeiterinnen und Mitarbeiter keineswegs mit der Realität in den Organisationen überein, es bestand eine enorme Diskrepanz zwischen den Beschreibungen der Mitarbeiter und der vom Organisationssoziologen beobachteten Wirklichkeit. Denn die soziologische Beobachtung ergab, dass mit der Reduktion der Hierarchie keineswegs »die Macht« abgeschafft wurde, sie nahm nur andere Formen an. Die Machtverhältnisse wurde diffuser und undurchsichtiger, gleichzeitig nahmen Machtspiele und Machtkämpfe zu. (ebd., 94-110)

Die Demokratisierung der Organisationen führte, so Kühl, letztlich dazu, dass alle Machtfragen nun in mehr oder minder offenen Auseinandersetzungen ausgetragen wurden und die Organisation in eine »Welt der Konflikts« (ebd., 105) mutierte, in welcher Macht sich in voller Blüte entfalten konnte.

Da in neu gebildeten Teams, die aus gleichberechtigten Mitgliedern bestanden, jede Entscheidung von jedem kritisiert oder infrage gestellt werden konnte, brachen vermehrt Konflikte aus. Diese hatten jedoch keineswegs so produktive und stimulierende Wirkungen wie es der Diskurs propagierte, »erhöhte Konfliktbereitschaft« bedeutete nichts anderes als die Zunahme von Machtkämpfen. Denn die kooperativen Strukturen böten, so Kühl, den idealen Nährboden für Machtspiele und Machtkämpfe aller Art. Und in einem Machtkampf setzt sich bekanntlich nicht der Schlaueste, sondern der Stärkste durch, womit die selbstorganisierten Gruppen und Teams einen darwinistischen Charakter annahmen. (ebd., 104-110)

Doch nicht nur, dass Machtkämpfe zunahmen, Kühl beobachtete auch, dass diese tabuisiert und mit einem Mantel des Schweigens umhüllt wurden. Da die Mitarbeiter überzeugt waren, dass mit der Hierarchie auch die Macht abgeschafft wurde, betrieben sie eine Art Selbstzensur und sprachen nicht mehr offen über Fragen der Macht. Je weiter Utopie und Realität, Wunsch und Wirklichkeit auseinander klafften, desto schwieriger wurde es, so Kühl, über die realen Machtverhältnisse zu sprechen. (ebd.)

Kühl konstatiert im Umgang mit dem Diskurs der schönen neuen machtfreien Welt der Organisation einen überraschenden Mangel an Kritik. Scheiterte beispielsweise die Umsetzung eines Veränderungsvorhabens, so wurde dies nicht mit den unrealistischen Versprechen des Diskurses in Verbindung gebracht, sondern auf Widerstände oder Mängel bei der Umsetzung zurück geführt, wodurch der Diskurs die Form einer »neuen Heilslehre« (ebd., 81) annahm. »Es wird so getan, als wenn die monoton von irgendwelchen Management-Gurus wiederholten Erfolgsgeschichten, die von Managern aus Vorreiterorganisationen auf Konferenzen an die Wand geworfenen Power-Point-Präsentationen oder die eifrig verkündeten Erfolgsrezepte von Beratern die Realität darstellen würden«, so Kühl (ebd., 12).

Zusammenfassend lässt sich sagen: Die Umsetzung des Diskurses der schönen neuen machtfreien Welt der

Organisation hielt keineswegs das, was der Diskurs versprach. Modelle wie partizipatives Managements würden, so Kühl, wie ein »hygienisches Spray« (ebd., 75) eingesetzt, da letztlich die relevanten Entscheidungen weiterhin vom Management getroffen werden.

Trotz aller Versprechen wurde die Macht der Top-Führungskräfte keineswegs reduziert, denn diese waren trotz gegenteiliger Beteuerungen nicht dazu bereit, die eigenen Machtmonopole abzugeben. Vom versprochenen Ende der Hierarchie konnte keine Rede sein, um es mit den Worten des CEOs eines amerikanischen Unternehmens auszudrücken: »*Ich lasse die Affen doch nicht den Zoo regieren.*« (ebd., 17; Hv.WK)

Der Organisationssoziologe Stefan Kühl steht mit seiner Kritik am Diskurs der schönen neuen machtfreien Welt der Organisation nicht alleine dar. Der Diskurs bewirke, so der Kultursoziologe Ulrich Bröckling (2007), dass die Herrschaftsstrukturen von Organisationen aus dem Blick gerieten und eine Kritik an bestehenden Machtverhältnissen schwieriger werde.

Ähnliche Kritik bringt die Psychologin Marie-France Hirigoyen (2020) vor: Der Diskurs errichte einen »semantischen Schutzwall«, welcher in krassem Widerspruch zur Realität der Machtverhältnisse in Organisationen stehe, wo psychische Gewalt, Machtkämpfe, Konkurrenz und Mobbing allgegenwärtig seien. Kooperation und Kommunikation spielten im Diskurs eine wichtige Rolle, doch in der Realität würden Leistungen individuell beurteilt und Konkurrenten gegeneinander ausgespielt werden. (ebd. 176) Der Diskurs diene nicht dazu, die tatsächlichen Machtverhältnisse zu verändern, sondern kaschiere sie vielmehr. Denn der Schutzwall des Diskurses verstelle, so Hirigoyen, oftmals den Blick auf ein perverses Management, welches von den Mitarbeitern Anpassungsbereitschaft, Unterwerfung und Gehorsam einfordere und ihnen keinen Freiraum für eigenständiges Arbeiten ließe. (ebd., 177-180)

Aus philosophischer Perspektive wird diese Diskurskritik von Geoffroy de Lagasnerie geteilt. Ein an Visionen ausgerichteter Diskurs führe dazu, dass die realen Erfahrungen verleugnet werden, da alle tun als sei der Diskurs realistisch und deskriptiv und dabei übersehen, dass er gerade das nicht ist. Man belüge sich damit selbst und es reiche aus, einen beobachtenden Standpunkt außerhalb des Diskurses einzunehmen, um die Realitätsferne des Diskurses zu erkennen, so Lagasnierie. (2021, 34f)

Exkurs: Rio Tinto

Im Februar 2022 wurde durch einen Bericht der australischen Antidiskriminierungsbehörde, dem Broderick-Bericht, bekannt, dass im britisch-australischen Bergbaukonzern Rio Tinto Mobbing, Belästigung, Rassismus, Diskriminierung, sexueller Missbrauch und systematische Schikanen an der Tagesordnung standen. Rio Tinto ist einer der größten weltweit tätigen Bergbaukonzerne, beschäftigt 45.000 Mitarbeitern und hat einem Börsenwert von 100 Milliarden Dollar. Der Bericht zeigte auf, dass von 10.000 befragten Personen 30 Prozent der Frauen (sic!) Opfer sexueller Übergriffe bis hin zur Vergewaltigung geworden waren, und dass 40 Prozent der Männer und 30 Prozent der Frauen mit einer Aborigine-

Abstammung aufgrund ihrer Herkunft diskriminiert worden waren. Nach fünfjähriger Sammlung von Fakten kam die australische Behörde zu dem Schluss, dass es sich bei diesen Vorkommnissen nicht um einzelne Vorfälle handelte, sondern um systemische Probleme, die Teil der »Unternehmenskultur« (sic!) waren. Schikanen und Rassismus wurden nicht nur toleriert, sie *halfen im Gegenteil noch, in der Unternehmenshierarchie aufzusteigen* und über die Missstände wurde eine Kultur des Schweigens ausgebreitet. Der Vorstandsvorsitzende des Konzerns erklärte in einer öffentlichen Aussendung, er sei überrascht von den Ergebnissen des Berichts, er schäme sich und bedaure die Vorwürfe zutiefst, die Konzernführung versprach nachhaltige »Veränderungen«.

(Quelle: news.ORF.at, 1.2. 2022)

Der Beratungsmarkt und die Neutralisierung von Macht

Der Diskurs der schönen neuen machtfreien Welt der Organisation ist innerhalb eines Dispositivs eng verwoben mit Formen der Wissensproduktion, mit psychologischen und gruppendynamischen Methoden, mit Führungspraktiken wie dem Konfliktmanagement und darüber hinaus mit einem Expertentum, das hauptberuflich auf einem boomenden Markt für Unternehmens- und Managementberatung tätig ist. Auf dem Beratungsmarkt finden sich in Netzwerken organisierte Management- und Unternehmensberater ebenso wie Uni-Professoren, Organisationspsychologen und -soziologen, welche eine breite Palette an Dienstleistungen, wie Weiterbildungen, Trainings,

Seminare, Coachings, Vorträge und Workshops, im Portfolie haben.

Darüber hinaus gibt es einen großen Bereich an How-To- und Ratgeber-Literatur, in welcher das vorhandene Wissen gebündelt und vermittelt wird. Zeitschriften, Verlage und mittlerweile auch Blogs und Online-Versionen von Zeitschriften spielen sich mit Managementberatern und Seminarveranstaltern gegenseitig in die Hände.

Der Beratungsmarkt ist wenig reguliert und relativ leicht zugänglich, dafür aber umso härter umkämpft und die unterschiedlichen Experten und Expertinnen befinden sich untereinander in einem harten Wettbewerb um zahlungskräftige Kunden und lukrative Aufträge.

Gleichzeitig ist der Beratungsmarkt genauso dynamisch und in ständiger Veränderung begriffen wie die Organisationen, an welche er sich richtet. Ständige Innovation ist daher gefragt, denn ein Führungskonzept oder Organisationsmodell, das gerade *en vogue* ist, kann schnell wieder *out* sein. Daher müssen kontinuierlich neue Angebote konzipiert oder zumindest die alten Angebote neu verpackt werden (Kühl 2015, 10). Diese sollen sich einerseits nicht allzu stark von den bereits am Markt befindlichen Angeboten unterscheiden, um den Kunden eine gewisse Anschlussfähigkeit zu ermöglichen, andererseits sollen sie sich deutlich von den Konkurrenzangeboten abheben, damit ein USP (*unique selling proposition*), also eine unverwechselbare Position am Markt, gegeben ist.

Diese Situation führt dazu, dass von verschiedenen Beraterinnen und Beratern etwas Ähnliches gesagt, jedoch mit unterschiedlichen, möglichst kreativen Ausdrücken bezeichnet wird. Für die Organisation werden klingende

Bezeichnungen wie »teambasierte Organisation«, »communities of practice«, »crowds of wisdom« (ebd., 10), »Adhocratien« oder »modulare Fabrik« (ebd., 50) gefunden, für Teams und Gruppen modische Namen wie Innovationsgesprächskreise, Aktionsgruppen, Problemlösungsgruppen oder Beteiligungsinitiativen (ebd., 67). Kühl konstatiert, dass die Innovationen im Diskurs der Managementliteratur nur noch in der Erfindung neuer Begriffe lägen. (ebd. 10)

Auf der anderen Seite des Marktes stehen Führungskräfte, welche es sich mittlerweile nicht mehr leisten können, den boomenden Beratungsmarkt zu ignorieren und diese Produkte auch als Sicherheitsdienstleitung konsumieren. Die Angebote, welche den Führungskräften gemacht werden, seien, so Kühl, wiederum mit teils völlig unrealistischen Nutzenversprechen verbunden (ebd. 19). Versprochen wird Leistungssteigerung bei gleichzeitiger Kostenreduktion, oder dass die Organisation gleichzeitig humaner und produktiver werde (ebd., 77). In der Praxis gleiche dies einer Quadratur des Kreises, doch diese Widersprüchlichkeiten würden *systematisch verdeckt* werden, um damit die Hoffnung auf schnelle Problemlösungen zu schüren, so Kühl. Es sei charakteristisch für die gegenwärtigen Angebote am Beratungsmarkt, dass darin die »Widersprüchlichkeiten, die jeder Organisation innewohnen, gegen null reduziert werden.« (ebd., 15) Scheitern die Interventionen würden nicht die Nutzenversprechen hinterfragt, sondern die Mitarbeiter für das Scheitern verantwortlich gemacht werden. (ebd., 19f)

Der Beratungsmarkt erzeugt somit eigene Trends und Moden und während der Diskurs der schönen neuen machtfreien Welt der Organisation ein populäres Angebot darstellt, das sich gut verkaufen lässt, kommt kein Managementberater, der nicht völlig seinem Gelde Feind ist, auf die Idee, Workshops und Vorträge zu den Themen »Narzissmus und Machtrausch von Führungskräften«, »Zum Darwinismus von Teamkonzepten«, »Allgegenwärtige Gefahren des Machtmissbrauchs« oder »Kollektive Kulturen des Schweigens« anzubieten.

Das Thema Macht tritt am Beratungsmarkt nur in Erscheinung, wenn es entweder eine Positivierung oder eine größtmögliche Neutralisierung erfährt. Macht dient dann entweder als Mittel zum Erreichen von Organisationszielen oder als produktive Kraft, die Führungskräften Gestaltungsmöglichkeiten eröffnet. Der Machtinstinkt, der Machtmenschen an die Spitze von Organisationen treibt, wird als »Machtkompetenz« verharmlost und Coaches, die Führungskräften den »Spaß« an der Machtausübung antrainieren möchten, reichern ihre Angebote mit Schlagwörtern wie »Verantwortung« und »Ethik« an.

Das Angebot am Beratungsmarkt suggeriert, dass der moralisch richtige Umgang mit Macht so unproblematisch zu erlernen wäre wie das Fahren eines Autos: Nach einem absolvierten Kurs ist der Teilnehmer dazu befähigt, sein Auto verantwortungsbewusst und damit ethisch korrekt zu lenken. Doch in der Praxis ist eine ethische Haltung für Führungskräfte ein extrem schwieriges Unterfangen und es bedarf dafür kontinuierlicher, selbstkritischer Reflexion und keines einmaligen Workshops. Machtkritik hat am Beratungsmarkt daher niemals Konjunktur, denn einem erfahrenen Managementberater ist klar: Man beißt ja nicht die Hand, die einen füttert.

Teil II – Denkimpulse: Von Machiavelli bis Machtmissbrauch

Einführung: Lust und Leiden an der Macht

Die leib-seelische Erfahrung von Macht

Auch wenn wir uns der formenden Kraft der Macht zumeist nicht bewusst sind, so *macht Macht etwas mit uns*. Der Mensch sei, so Foucault, ein Erfahrungstier und die Macht sei Teil unserer Erfahrung. Eine Erfahrung, so Foucault weiter, ist »etwas, aus dem man verändert her-vor geht.« (1996b, 24)

Wir *spüren* und *fühlen* die Wirkungen der Macht, wir erfahren die Macht am eigenen Leib und an der eigenen Seele. Der Körper ist der Durchgangspunkt unserer Erfahrung von Macht (Butler 2003, 57), denn hier setzt sie an, durchdringt ihn, dressiert ihn und formt ihn, um damit unser reibungsloses Funktionieren zu garantieren. Doch am Körper trifft die Macht auch auf unsere bewussten und unbewussten Widerstände, daher ist der Körper ebenso der Ort, wo wir uns der Macht entziehen können.

Hier gilt es, den Unterschied zwischen Körper und Leib einzuführen: Der Körper ist das, was von Außen sichtbar und angreifbar ist, der Leib hingegen das, was in der Selbstwahrnehmung gegeben ist. Der Leib als »dritte« Dimension (Merleau-Ponty) überwindet damit den Gegensatz von Geist und Körper, Psyche und Soma (Gugutzer 2012, 29). Die Macht wirkt demnach von außen auf den Körper ein und macht den Menschen zum Objekt. Gleichzeitig nehmen wir die Macht aber am eigenen Leib wahr, denn der Leib ist das, worin wir uns selbst spüren und wahrnehmen.

Die leib-seelische Erfahrung von Macht spielt in den gängigen Machtmodellen keine Rolle, denn wenn Macht als Medium innerhalb eines Systems konzipiert wird, dann tilgt dieser analytische Rahmen jedes Leiberlebnis (Illich 2021, 206). Es sind jedoch die körperlichen und damit auch leib-seelischen Erfahrungen von Macht, die uns in Organisationen prägen: die lustlosen Erfahrungen von Machtlosigkeit ebenso wie die lustvollen Erfahrungen der Ermächtigung. Lust motiviert, Unlust hemmt und Lust und Unlust an der Macht liegen mitunter sehr nah beieinander, denn hier üben wir Macht über andere aus und dort erdulden und erleiden wir die Macht der anderen (Pechriggl 2018, 246).

Da wir eine selektive Wahrnehmung haben, nehmen wir die Macht primär dort wahr, wo sie uns in negativer Form, als Druck oder Zwang, gegenüber tritt. Solange wir Lust aus der Machtausübung ziehen und *ein gutes Gefühl* dabei haben, hält sich unsere Bereitschaft, über Macht nachzudenken zumeist in engen Grenzen. Erst der berühmte *Leidensdruck* führt dazu, bestehende Machtverhältnisse wahrzunehmen und kritisch zu hinterfragen.

In der Disziplinargesellschaft der industriellen Moderne rief die monotone Wiederholung der immer gleichen Tätigkeiten Gefühle der Unlust hervor, dem Menschen am Fließband oder im Hamsterrad der Bürokratie mangelte es an Freude und Motivation, was zu Passivität und innerer Emigration führte.

Doch auch in der postindustriellen Organisation müssen wir funktionieren, wenngleich in anderen Formen als in der industriellen Moderne. Die Macht wirkt heute nicht mehr durch den Zwang zur endlosen Wiederholung, sondern durch Emotionalisierung: durch Motivation und Anreizsysteme. Denn wer motiviert ist, so die Annahme, arbeite gerne und müsse dazu nicht gezwungen werden. Der Sitz der Emotionen ist das limbische System, welches unsere Handlungen auf einer prä-reflexiven, körperlich-triebhaften Ebene steuert. Die Kunst der Führung bestehe gegenwärtig darin, sich der Emotionen auf dieser präreflexiven Ebene zu bemächtigen, um damit die Person lenken zu können, so Han. (2014, 66f)

Doch Emotionen sind situativ und volatil, sie können schnell geweckt werden, sind aber flüchtig und kurzfristig (ebd., 64). Hören wir einen Motivationsvortrag oder lesen wir einen Ratgeber, so sind wir kurzfristig hoch motiviert, unsere Begeisterung ebbt aber auch schnell wieder ab. Positive Emotionen heben uns nur kurz aus der Routine heraus, verändern uns jedoch nicht nachhaltig.

Im Gegensatz zur Emotion sind Gefühle wie Mitgefühl, Freude und Trauer lang anhaltend. Das Gefühl lässt Dauer zu, es stellt einen Zustand dar, wie das Gefühl der Ruhe (ebd., 59). Emotionen lassen sich instrumentalisieren, Gefühle aber nicht. Daher werden Emotionen in Organisationen gezielt geweckt, tiefen Gefühlen wie der Trauer wird hingegen kein Raum gelassen, denn sie lenken uns vom Funktionieren ab.

Doch *lebendig zu sein* ist eng mit Gefühlen verbunden, sowohl mit dem Gefühl der Freude als auch der Trauer und der Fokus auf das bestmögliche Funktionieren zerstört unsere Lebendigkeit.

Das Leiden an der Macht: Depression und Burnout

Was passiert nun, wenn unsere Lebendigkeit zerstört wird? Wenn uns die Macht das nimmt, was uns als lebende Wesen ausmacht?

Galten in den 1970er Jahre Passivität, innere Emigration und Neurosen als Ausdruck des Leidens an der Macht, so diagnostizieren Soziologie und Psychologie heute Krankheiten wie Burnout und Depression als für die Zeit typische Leiden (Reckwitz 2018, 21). Burnout und Depression gleichen sich dabei größtenteils, kennzeichnend für beide sind Symptome des Ausgebrannt-Seins, der Erschöpfung, des Energieverlustes und des Rückzugs (Ehrenberg 2008, 185). Beide Krankheiten treten als Folge konstanter Überforderung auf und resultieren aus den hohen Anforderungen an Leistungsfähigkeit und Funktionalität in Organisationen. Die Depression ist gegenwärtig nach Herz- und Kreislauferkrankungen die zweithäufigste Krankheit und gilt als »Pathologie der Spätmoderne« (Rosa 2005, 388).

Auch für Han ist das massive Ansteigen psychischer Erkrankungen ein Anzeichen für ein »Zeitalter der Erschöpfung« (2014, 44). Da der Körper als Ressource und als Grundlage der Produktivität in der wissensbasierten Organisation an Bedeutung verloren hat, setzt die Macht primär an der Psyche an: Die Psyche ist heute *die* Produktivkraft und die Erschöpfung der Psyche zeigt sich in Form von psychischen Krankheiten. (ebd. 39) In gleichem Maße wie körperliche Verschleißerscheinungen zurück gehen, nehmen daher psychische und psychosomatische Krankheiten zu (Hirigoyen 2020). In den Fabriken der industriellen Moderne bezeugten die ausgeschundenen Körper die wirkende Hand der Macht, in den digitalisierten *offices* der *creative industries* bezeugt dies das Burnout.

Die Macht konnte zu Beginn des 20. Jahrhunderts in den vom Taylorismus geprägten Fabriken noch nicht auf die Psyche zugreifen, dies wurde erst ab den 1960er Jahren durch die Entwicklung psychologischer Methoden und Instrumentarien möglich. Doch heute ist es möglich, die Psyche durch den Einsatz psychologischen Wissens in Kombination mit digitaler Dauerüberwachung bis ins Unbewusste *auszuleuchten*, um sie dann bestmöglich *auszubeuten* (Han 2014, 35).

Durch das Ausleuchten soll die Psyche optimiert und die Leistungsfähigkeit der machtunterworfenen Individuen, also deren Handlungsmacht, gestärkt werden. Denn Subjektivität ist Handlungsmacht und die Macht des Subjekts zeigt sich in seiner Fähigkeit zu handeln: »Der Sinn des übenden Erwerbs von *Handlungsmacht* besteht darin, *normal* zu sein und *funktionieren* zu können«, so Menke (2003, 290).

Die Depression bewirkt jedoch das Gegenteil dessen, was intendiert war: den Verlust der Handlungsmacht und der Funktionsfähigkeit des Subjekts. Depressive sind nicht handlungsfähig, sie sind nicht normal, sie funktionieren nicht mehr, sie sind weder pro-aktiv noch produktiv, denn mit der Depression geht eine pathologische Verlangsamung einher. Dort, wo intentionales Handeln von höchster Relevanz ist, setzt gerade dieses aus. Die »Depression [ist] die unvermeidliche Kehrseite der Souveränität des

Menschen, nicht dessen, der falsch handelt, sondern dessen, der *gar nicht handeln kann.*« (Ehrenberg 2000, 124 zit. nach Rosa 2005, 389; Hv.WK)

In der psychischen *Antriebs-losigkeit* zeigt sich demnach ein Widerstand gegen den ständigen *Antrieb* zum Funktionieren und gegen den *inneren Antrieb* zur Perfektion und Höchstleistung. Das pro-aktive Subjekt muss nicht mehr dazu gezwungen werden, es will um jeden Preis funktionieren und es funktioniert auch – nämlich bis zu seinem Zusammenbruch, durch welchen sein Wollen sich in sein Gegenteil verkehrt. Mit der Depression geht nicht nur die Unfähigkeit zu handeln einher, sondern auch die Unfähigkeit, tiefe Gefühle wie Freude und Trauer zu empfinden. Wenn das Lebendig-Sein unterdrückt wird, kommt es zum Bedrückt-Sein der Depression.

In der Depression und im Burnout begehrt der Körper gegen die Formierung durch die Macht auf und verweigert ihr den weiteren Zugriff. Er tut dies, »noch bevor das Denken zum Widerstand« fähig sei, so Pechriggl (2018, 141), denn am Körper und durch ihn manifestiere sich der Widerstand »unmittelbarer als durch das Denken und Sprechen.« Unser Körper ist demnach nicht auf unseren bewussten Widerstand angewiesen.

Doch die Macht gibt sich damit noch nicht geschlagen. Tritt eine Depression auf, wird sofort der Ruf nach therapeutischer Intervention laut, der »defekte« Kranke soll sofort wieder an der Norm ausgerichtet werde, denn normal zu sein bedeutet gesund, leistungsfähig und funktionstüchtig zu sein, anormal zu sein bedeutet krank, ausgebrannt, depressiv und reparaturbedürftig zu sein.

Wie ein beschädigtes Auto gilt es daher, das Individuum zu reparieren und wieder fahrtüchtig zu machen. Oder in der Metapher des E-Autos ausgedrückt, gilt es, den Akku wieder aufzuladen, um nach der Regenerationszeit auf der Ladestation wieder durchstarten zu können. Neu eingekleidet begegnen wir hier einer Vorstellung aus dem 18. Jahrhundert wieder: der Mensch als Maschine – *l'homme machine*. (Bröckling 2017, 266)

Nun gibt es unterschiedliche Arten von Maschinen, es gibt Rennautos, aber auch alte Rostschüsseln. Während die Depression darauf hinweist, dass die Rostschüssel zum Service muss, zeigt das Burnout einen Defekt am Rennauto an. (ebd., 267) Denn das Burnout gilt als Krankheit dauergestresster Führungskräfte, es trifft die »Starken« und Leistungswilligen«, die Depression trifft jedoch die »Überforderten« und »Schwachen«. (ebd., 261)

Egal ob Rennauto oder Rostschüssel, das Leiden an der Macht wird zum individuellen Problem erklärt, das es schnellstmöglich zu reparieren gilt. Nicht Machtstrukturen oder Verhaltensnormen werden kritisch hinterfragt, sondern der Verschleiß der psychischen Kraft wird individualisiert und das Problem in den einzelnen Menschen verpflanzt. Doch reicht es wirklich aus, die Psyche funktionsfähig zu machen und damit den Patienten an der Norm des leistungsstarken Batteriemännchens auszurichten? Oder wäre es sinnvoller, diese Norm zu hinterfragen? Damit einher ginge die Kritik an Machtverhältnissen ebenso wie die Akzeptanz von Schwäche als etwas, das zum Mensch-Sein dazu gehört.

Denn es gibt es kein (Arbeits-)Leben, das nur aus positiven Emotionen und den vom berühmten Psychologen Czikszentmihalyi so vielbeschworenen Flow-Erlebnissen besteht. Und selbst wenn es dies gäbe, hätte es keine Tiefe, denn der alleinige Fokus auf Erfolg und Leistung lässt das Leben verflachen. Das Diktat der Positivität diene, so Han, alleinig dazu, alle im System perfekt zum Funktionieren zu bringen Doch die Seele sei keine *Positivmaschine* und es reiche nicht aus, Schwächen weg zu therapieren. (Han 2014, 45f).

Vielmehr ist ein anderer Umgang mit der Negativität und damit auch mit dem Leiden gefragt. Denn der Mensch ist nicht nur ein Leibträger, sondern auch ein *Leidträger* und ein Leben ohne Leiden ist kein menschliches. (Illich 2021, 211ff)

Das Leid gehört zum Leben und ist konstitutiv für unsere Erfahrungen als lebende Wesen (Han 2017, 12), es kann nicht auf eine Funktionsstörung reduziert werden, deren Behebung an Experten delegiert wird. Der Widerstand gegen die Macht, die sich im Leiden zeigt, muss wahrgenommen und sozial anerkannt werden (Hirigoyen 2020). Mit Nietzsche gesprochen ist es die »*Tapferkeit* im Tragen und Ausharren, Ausdeuten, Ausnützen des Unglücks« (1968, 167 zit. nach Han 2014, 45; Hv.WK), welche der Seele ihre Tiefe verleiht. Im Leiden – unseres und das der anderen – zeigt sich unsere Tapferkeit ebenso wie unsere Menschlichkeit. Daher steht den Betroffenen für ihre Tapferkeit im Ertragen ihres Leides keine Reparatur, sondern Respekt und Wertschätzung zu.

Die Lust an der Macht: Machtinstinkt und Narzissmus

Macht, so die berühmte Definition von Max Weber, bedeute, innerhalb einer sozialen Beziehung den eigenen Willen notfalls auch gegen Widerstand durchzusetzen. Wer etwas erreichen will, muss kämpfen, so Weber zu Beginn des 20. Jahrhunderts und für Führungspersönlichkeiten charakteristisch wäre ihr *Machtinstinkt* und ihr *Machtgefühl*. (1919, 190) Webers Vorstellungen von Macht wurden von Friedrich Nietzsches *Willen zur Macht* geprägt und Nietzsche wurde wiederum von Darwins Evolutionslehre beeinflusst, wenn er meinte, unsere Triebe seien reduzierbar auf den Willen zur Macht. (Anter 2017, 39). Der Wille zur Macht ist nach Nietzsche demnach der Antrieb in allen sozialen Auseinandersetzungen (Sarasin 2009, 254).

Die Vorstellung, dass es so etwas wie einen Machtinstinkt gibt, reiht sich in eine Tradition, die Macht als anthropologische Konstante, also als eine Eigenheit der menschlichen Natur, begreift. Noch im 20. Jahrhundert wurde von der philosophischen Anthropologie postuliert, dass ein Machthunger oder Machttrieb allen Menschen eigen sei, eine Annahme, die allerdings bis heute umstritten ist. (Anter 2017, 33-40)

Auch der Gründervater der Psychoanalyse, Sigmund Freud, kam in der Nachfolge von Nietzsche nicht ohne den Bezug zu einem Machttrieb aus, den er allerdings im Gegensatz zu diesem für destruktiv hielt. (ebd. 39) Dass die Macht ein Übel, eine Gier und das Böse schlechthin sei, wurde für die Machtkritik des 20. Jahrhunderts, von Freud bis Sartre, zur Binsenweisheit (ebd. 36).

Wenn die Macht das Böse darstellt, wird der »Machtgenuss« (Müller 2020, 400) höchst fragwürdig. Auch heute wird hochrangigen Führungskräften nachgesagt, sie hätten ein quasi erotisches Verhältnis zur Macht und würden es genießen, Macht auszuüben. Doch im Gegensatz zur Linie Nietzsche – Weber scheuen sich diese, offen über ihren Willen zur Macht und ihren Machtinstinkt zu sprechen. Die *Lust* an der Macht wird auf Nachfrage zumeist bestritten, denn einer lustvollen Erfahrung respektive der Erfahrung von Lust haftet nicht nur etwas Sinnliches, sondern auch etwas Zügelloses an. Macht, so der Tenor unter Führungskräften, sei lediglich ein Mittel, um damit Organisationsziele zu erreichen, aber keineswegs strebe man Macht um ihrer selbst willen an oder würde gar Lust aus der Machtausübung ziehen.

Es wird wohl niemand ernsthaft bestreiten, dass die Durchsetzung des eigenen Willens mit Genuss verbunden ist, das zeigt sich schon bei Kleinkindern. Macht auszuüben ist mit wesentlich lustvolleren Erfahrungen verknüpft, als der Macht anderer ausgesetzt zu sein, beide Erfahrungen stehen sich auf der sinnlich-körperlichen Ebene diametral gegenüber: Lust motiviert, Unlust hemmt.

Sich zum *Machtgenuss* zu bekennen, stellt nicht nur aufgrund der lustvollen Aspekte ein Tabu dar, sondern auch, weil es dort, wo viel Macht ist, moralisch heikel wird. Die Machtausübung ist daher immer mit Fragen der Moral und der Ethik, der selbst gewählten Haltung zur Macht, verbunden. (Gabriel 2020, 313)

Schon Weber war sich klar darüber, dass die größte Gefahr, welche die Lust an der Macht mit sich bringt, die Versuchung ist, diese zu missbrauchen. Der Moralphilosoph Lord Acton (1834-1902) brachte dies folgendermaßen auf den Punkt: »*Power tends to corrupt and absolute power tends to corrupt absolutely.*« (1955 zit. nach Anter 2017, 41) – Macht korrumpiert und absolute Macht korrumpiert absolut. Acton beobachtete im 19. Jahrhundert, dass der Grad an Korrumpierung mit zunehmender Macht anstieg. Durch die Möglichkeit, Macht auszuüben, veränderten sich Menschen negativ und sie veränderten sich umso negativer, je mehr Macht sie hatten.

Weber sah die Versuchung, die Macht zu missbrauchen, in einem »ganz trivialen, allzu menschlichen Feind« (2020, 228) begründet, nämlich in der *Eitelkeit*. Die Eitelkeit sei »die Todfeindin aller sachlichen Hingabe« und aller »Distanz sich selbst gegenüber« (ebd.), sie bringe den Mächtigen am stärksten in Versuchung, so Weber. Er definierte Eitelkeit als das Bedürfnis nach Sichtbarkeit und dieses Bedürfnis führe dazu, dass »Macht lediglich um ihrer selbst willen« angestrebt werde (ebd. 229). Die *Sünde* im Umgang mit der Macht bestand für Weber daher dort, wo das Machstreben unsachlich wird und nur mehr der Selbstberauschung dient (ebd. 228).

Der große Soziologe Weber nahm mit seinen Beobachtungen weitsichtig vorweg, was die psychoanalytische Narzissmus-Forschung im späten 20. Jahrhundert herausfand: Je höher die Machtposition ist, desto größer ist der Wunsch nach Sichtbarkeit und die Wahrscheinlichkeit, dass sich mit der Machtausübung narzisstische Persönlichkeitszüge herausbilden. Und dass die Eitelkeit, in Form einer großen Portion Narzissmus, wiederum dazu führt, dass Personen in Machtpositionen kommen.

Narzissmus wird im Allgemeinen mit Eitelkeit und Selbstverliebtheit verbunden. Narziss ist eine mythologische Figur, die betörend schön, aber anderen gegenüber kaltherzig und unberührbar war. Narziss war unfähig zu lieben, bis er eines Tages sein eigenes Spiegelbild in einer Quelle im Wald sah. Sofort betörte ihn sein schönes Spiegelbild und er konnte seinen Blick nicht mehr von sich selbst abwenden. Beim Versuch, seinem Spiegelbild nahe zu kommen, beugte er sich immer tiefer und tiefer über das Wasser. Dabei verlor er das Gleichgewicht, stürzte in die Quelle und ertrank in dieser. (Haller 2013, 31f)

Ein Quäntchen Narzissmus tragen wir alle in uns, denn jede und jeder braucht Anerkennung, um existieren zu können. Doch die Dosis mache das Gift, so Haller, denn ein »gesunder« Narzissmus sei nicht problematisch, problematisch werde er nur dort, wo er pathologische Züge annehme. (ebd.)

Woran erkennt man nun den Narzissten in der Organisation? Ich verwende hier bewusst das Maskulinum, denn der Narzissmus ist größtenteils eine Pathologie männlicher Führungskräfte. Merkmale einer narzisstischer Führungsperson seien, so Haller, ihr oberflächlicher Charme, ihr übersteigertes Selbstwertgefühl, ihre Selbstüberschätzung, ihr suchtartiges Arbeitsverhalten, ihr Reizhunger, ihre manipulativen Fähigkeiten, ihr Mangel an Schuldgefühlen und das Fehlen von Empathie. (ebd., 149f)

Die narzisstische Führungskraft ist demnach nicht nur durchsetzungsstark, zielstrebig, ehrgeizig und extrem leistungsorientiert, sondern gleichzeitig kaltherzig und rücksichtslos. Selbstzweifel, Sensibilität und Nachdenklichkeit sind ihr fremd und werden von ihr als bedrohlich empfunden. (Wirth 2012, 163f) Der Narziss in der Organisation lässt keine Kritik an sich aufkommen, ist aber stark auf die Bewunderung durch die anderen angewiesen, damit er sich als überlegen und herausragend empfinden kann. Einerseits bilde der Narzissmus somit die Grundlage für großen Ehrgeiz und Leistungsfähigkeit, andererseits aber die Basis für Arroganz, Rücksichtslosigkeit und Verachtung von anderen, so Haller. (2013, 23ff)

Hirigoyen weist darauf hin, dass sich in Führungspositionen überdurchschnittlich viele narzisstische Persönlichkeiten befinden. (2020, 199) Denn der Narziss strebe die höchstdotierten Positionen nicht nur an, sondern verstehe es auch, an diese zu kommen. Die narzisstische Führungskraft könne sich nicht nur perfekt inszenieren, sondern sei in Machtkämpfen erprobt und setze sich daher gegen Konkurrenten durch. Der Narziss gelte daher, so Hirigoyen, als Meister der Führungsstärke und in einer Gruppe, die neu gebildet wird, ginge mit hoher Wahrscheinlichkeit ein Narziss, auch wenn er inkompetent sei, als Anführer hervor. (ebd., 210)

Bisher konnte nicht nachgewiesen werden, dass Narzissten leistungsfähiger seien als ihre unterlegenen Konkurrenten (ebd., 211), sie gewinnen jedoch, weil sie wesentlich *sichtbarer* seien, so Hirigoyen (ebd., 202). Die Sichtbarkeit beschränke sich dabei nicht auf das Auftreten, denn der Narziss werde in Organisationen vor allem dadurch sichtbar, dass er bereit sei, riskante Entscheidungen zu treffen. (ebd., 207)

Macht und Narzissmus sind demnach eng miteinander verschränkt: Der Narziss strebt eine Machtposition an, denn durch diese können seine narzisstischen Bedürfnisse nach Anerkennung, Bewunderung und Sichtbarkeit befriedigt werden. Gleichzeitig stimuliert die Machtposition wiederum seinen Narzissmus. (Wirth 2012, 162f)

Ohne Frage: *Macht macht narzisstisch*! (Haller 2013, 90) Es gibt keinen Narzissmus ohne die Lust an der Macht und keine Lust an der Macht, die den Narzissmus nicht verstärkt. Mit dem Narzissmus steigt aber auch die Gefahr des *narzisstisch agierten Machtmissbrauchs* (Pechriggl 2018, 267), der wiederum das Gegenteil eines verantwortungsvollen und ethischen Machthandelns darstellt.

Das führt dazu, dass der Narzissmus sich zumeist selbst limitiert. Denn gerade jene Eigenschaften, welche den Aufstieg des Narzissten ermöglichen, werden ihm auch zum Verhängnis. Die Überheblichkeit und Risikobereitschaft des Narzissten könne zu großen Erfolgen führen, jedoch auch zu völligem Realitätsverlust und zu spektakulären Fehlentscheidungen, so Haller (2013, 133). Der Narzissmusforscher Otto Kernberg betrachtete den Narzissten in der Führungsposition daher kritisch: »Die Charakterpathologien von Führungspersonen, die für Institutionen die größte Gefahr bergen, sind vermutlich die narzisstischen Persönlichkeitsmerkmale.« (zit. nach ebd. 154, keine Quellenangabe)

Um auf John Acton zurück zu kommen: Macht korrumpiert und absolute Macht korrumpiert absolut. Doch nicht nur die absolute Macht pervertiert den Charakter, auch die Erfahrung absoluter Ohnmacht tut dies. Viktor Frankl zeigte durch den erschütternden Bericht über seine

Erfahrungen im Konzentrationslager auf, dass die absolute Macht den narzisstischen Sadismus der Täter befeuerte, dass die absolute Ohnmacht jedoch auch die Häftlinge pervertierte, sie voneinander isolierte und zum Verlust jeglichen Mitgefühls mit anderen Opfern führte. (Frankl 1997)

Macht kann nicht reduziert werden auf eine Befugnis oder auf Gestaltungsvermögen, die Kraft der Macht ist niemals nur neutral oder produktiv. Daher ist Machtausübung vergleichbar mit einem Balanceakt auf einem schmalen Grad, mit ihr sind Gefahren verbunden und sieht man genauer hin, so tun sich rechts und links tiefe Abgründe auf, in welche sowohl Machthaber als auch Machtunterworfene jederzeit abrutschen können. Auch wenn man dabei nicht abrutscht, kann man sagen: *Macht macht etwas mit uns und das auf beiden Seiten der Machtbeziehung.*

Vorweg: Skizzen

Im folgenden Teil liefen Skizzen Denkimpulse und regen zu einem »Ortswechsel des Denkens« (Foucault) an, der es ermöglicht, das Alltägliche aus einer Distanz zu betrachten. Der Bogen wird dabei von Machiavellis Text »Il Principe« zur Führungsfigur des guten Hirten, von der höfischen Gesellschaft Ludwig XIV. zu Formen panoptischer Überwachung, von unterschiedlichen feministischen Theoriesträngen bis zum Zusammenhang von Machtmissbrauch und sexualisierter Gewalt gespannt.

Die Skizzen sind bewusst bildreich gestaltet und möchten bei der Leserin und dem Leser eigene Assoziationen wecken und damit Reflexionsräume öffnen. Die von mir hergestellten Bezüge zur Organisation der Gegenwart zielen nicht darauf ab, Deutungen vorzugeben, sondern dienen lediglich als Anregung für eigene Lesarten.

Die Macht des Fürsten und des Hirten – ein Vergleich

Machiavelli: Machthandeln ohne Moral

Narzissten gelten als Machtmenschen, die sich perfekt inszenieren können und extrem manipulativ sind. Manipulation, Schein und Inszenierung werden aus den funktional-produktiven Konzeptionen von Macht ausgeblendet, sind aber in Organisationen gängige Praktiken der Macht. Wie eng Macht und Manipulation, Schein und Sein miteinander verknüpft sind, zeigt sich an einem der wohl berühmtesten Texte zum Thema Macht, an Niccolò Machiavellis »Il Prinzipe« (Der Fürst).

Historisch wurde Macht bis zur Neuzeit mit der Person des Herrschers verbunden, denn in der Hand des Fürsten, Königs oder Kaisers lag eine immense Machtfülle. Der Herrscher konnte über das Wohl und Wehe seiner Untertanen bestimmen, denn aufgrund seiner Position verfügte er über einen außerordentlichen Entscheidungsspielraum und seine Entscheidungen hatten überdies eine große Reichweite. (Elias 2019, 41f)

Doch trotz seiner herausragenden Position und seiner enormen Machtfülle war auch der mächtigste Herrscher in soziale Strukturen und damit auch in komplexe Machtverhältnisse eingebunden, die er ständig ausbalancieren musste. Auch ein Herrscher war keineswegs allmächtig, er musste Rücksicht auf den Adel, die Stände, die Kirche und das Volk nehmen und seine Position diesen gegenüber absichern, er musste verhindern, dass sich unterschiedliche Gruppen gegen ihn verbündeten und im Innern Rivalen und im Äußern Feinde abwehren. (Foucault 2000, 45)

Die *absolute* Macht des Monarchen war in diesem Sinne niemals völlig absolut, sondern basierte immer auch auf wechselseitigen, also reziproken, Abhängigkeiten, weshalb der Monarch seine Machtfülle durch ausgeklügelte Strategien abzusichern hatte. (Elias 2019)

Machiavelli zog aus dieser Situation die für seine Zeit radikalsten Konsequenzen, denn sein 1532 veröffentlichtes Werk »Il Prinzipe« stand in krassem Gegensatz zu den Fürstenspiegeln seiner Zeit, in welchen der Herrscher dazu angehalten wurde, sein Machthandeln an der Tugend und moralischen Idealen auszurichten. (Foucault 2000, 41)

Denn Machiavelli war der Ansicht, die Entfernung zwischen dem Ideal und der politischen Realität sei dermaßen groß, dass ein Fürst, der sich auf das moralische Ideal fokussierte, das Wirkliche aus dem Blick verlieren würde und damit dem Untergang geweiht sei: »Denn es liegt eine so große Entfernung zwischen dem Leben, wie es ist, und dem Leben wie es sein sollte, dass derjenige, welcher das, was geschieht, unbeachtet lässt zugunsten dessen, was geschehen sollte, dadurch eher seinen Untergang als seine Erhaltung betreibt.« (2018, 119) Machiavelli rät der fiktiven Person des Fürsten daher, sein Machthandeln nicht an Moral und Tugend, sondern nur am Machterhalt auszurichten, egal ob mit Lüge, Betrug, Tarnung, Täuschung, Manipulation oder roher Gewalt. Der Zweck heiligte für Machiavelli den Einsatz aller nur denkbaren Mittel, insofern war er ein unmoralischer Pragmatiker der Macht.

Denn was passierte, wenn der Fürst sich nicht machtpragmatisch, sondern moralisch verhielt? Machiavelli führt eine Reihe von Beispielen an, mit denen er aufzeigen möchte, dass die edlen Gemüter unter den Herrschern einem raschen Untergang geweiht sind. Der Fürst sollte sich daher nicht fragen, *ob* Grausamkeit moralisch angebracht sei, sondern nur *wie* diese strategisch eingesetzt werden könne.

*Der Fü*rst wurde von den Zeitgenossen Machiavellis keineswegs verteufelt, sondern durchwegs positiv aufgenommen und im 19. Jahrhunderts wieder neu entdeckt. Lassen wir Machiavelli nun selbst zu Wort kommen:

Schein und Sein

Die Macht des Fürsten beruhe auf dem Schein, so Machiavelli, daher müsse der Fürst das Spiel mit *Sein und Schein* perfekt beherrschen. (ebd., 119) Er muss »für mild gehalten werden«, doch gleichzeitig dürfe er »den Ruf der Grausamkeit nicht scheuen, um seine Untertanen in Gehorsam und Einigkeit zu erhalten.« (ebd., 67) Der Schein der Milde sei für den Fürsten wichtig, weil dieser auf die Zustimmung des Volkes angewiesen sei und das Volk einen milden Fürsten liebt. Doch gleichzeitig müsse der Fürst sicher stellen, dass seine Untertanen ihm gehorchen, weshalb er auch keine Angst davor haben solle, bei »Bedarf« mit großer Brutalität und Grausamkeit gegen Gegner vorzugehen.

Wie mit der Milde verhält es sich auch mit der Tugend: Der Fürst solle, so Machiavelli, gezielt an der Produktion des Scheins von Tugend arbeiten, die »echte« Tugendhaftigkeit jedoch tunlichst vermeiden. Der Fürst bräuchte den Schein von »Mitleid, Treue, Menschlichkeit, Redlichkeit, Frömmigkeit«, um akzeptiert zu werden, doch er müsse auch dazu bereit sein, im Fall des Falles »wider Treue, wider Menschenliebe, wider Menschlichkeit« zu handeln. (ebd., 71f)

Der Fürst müsse sich demnach wie ein Verwandlungskünstler perfekt inszenieren können, denn die Menschen, so Machiavelli, würden an den Schein glauben und wären nicht dazu bereit, diesen zu hinterfragen: »Jeder sieht, was Du zu sein scheinst; wenige haben richtiges Gefühl.« (ebd., 72)

Aus macht-pragmatischer Perspektive zählt demnach der Schein mehr als das Sein und Machiavelli erwies sich als geschickter PR-Stratege. Denn er war sich bewusst, dass mit jeder Handlung und jeder Entscheidung ein bestimmtes Image und eine bestimmte Außenwirkung verbunden sind, heute würde man dies als *Imagebuilding* bezeichnen.

Ehrlichkeit und Manipulation

Auf den moralisch integren Fürsten sei Verlass, er sei offen und ehrlich, er handle ohne Tarnung und Täuschung, hielte sich an sein Wort und besitze Handschlagqualität. Doch wie bereits angeführt, zeige die Geschichte, so Machiavelli, dass der redliche Fürst am Ende durch den listigen Fürsten ausgetrickst wird: »Jeder weiß wie lobenswert es ist, wenn ein Fürst sein Wort hält und rechtschaffen, nicht hinterlistig handelt. Dennoch sieht man [...], dass diejenigen Fürsten, welche sich aus Treu und Glauben wenig gemacht haben und mit List die Gemüter der Menschen zu betören verstanden, große Dinge ausgerichtet und am Ende diejenigen, welche redlich handelten, überwunden haben.« (ebd., 70)

Daher müsse sich der erfolgreiche Fürst in der Kunst der Manipulation und Täuschung üben. Er müsse fähig dazu sein, »sich zu verstecken und zu verlarven« und sowohl seine Gegner als auch seine Untertanen zu täuschen. Machiavelli hält den Fürsten dazu an, seinem Volk alles »zu versichern und mit großen Schwüren zu beteuern, und weniger zu halten.« (ebd., 71)

Diese Worte Machiavellis dürften sich nicht nur historische und gegenwärtige Diktatoren zu Herzen genommen haben, sondern auch so manche Führungskraft, die sich trotz gegenteiliger Beteuerungen bestens auf das Spiel mit Schein und Sein, mit List und Täuschung, mit Versprechen und Manipulation versteht.

Mut und Stärke

Der Fürst müsse bereit dazu sein, andere zu belügen und zu hintergehen, gleichzeitig jedoch darauf achten, dass ihm selbst nicht das Gleiche widerfahre. Er solle daher »in seinen Handlungen eine gewisse Größe, Mut, Ernst und Stärke zu zeigen«, in Verhandlungen klar machen, dass »seine Entscheidungen unwiderruflich seien und eine solche Meinung über sich verbreiten, dass niemand daran denkt, ihn zu hintergehen oder auszutricksen.« (ebd., 73)

Nur wenn der Fürst seine Macht und Entschlossenheit offensiv zur Schau stelle, wage es niemand seine Entscheidungen nicht in Frage zu stellen oder ihn zu hintergehen. Der Fürst solle mutig, männlich und tapfer wie ein Löwe handeln und dürfe keinesfalls »wankelmütig, leichtsinnig, weiblich, kleinmütig und unentschlossen« erscheinen (ebd.). Denn ein »unmännliches« Verhalten ziehe sowohl die Verachtung seiner Untertanen als auch die seiner Soldaten nach sich, womit die Gefahr eines Umsturzes und damit des Machtverlustes steige.

Auch heute noch gilt es für Führungskräfte durch entschlossenes, entscheidungsfreudiges und »männliches« Verhalten ihre Handlungsfähigkeit Mitarbeitern, Shareholdern und Stakeholdern gegenüber unter Beweis zu stellen und damit gleichzeitig ihre Macht Konkurrenten gegenüber abzusichern.

***

Hier soll weder eine Affirmation Machiavellis betrieben, noch eine moralisierende Kritik an ihm geübt werden, sondern Machiavelli als erster moderner Stratege der Macht vorgestellt werden. Der Fürst sei, so Foucault, eine Abhandlung über »die Geschicklichkeit des Fürsten bei der Erhaltung seines Fürstentums und das praktische Wissen, das dieser dazu benötige, und gerade dies begründe die Modernität machiavellistischer Strategien der Macht. (2000, 46)

Denn sieht man von moralischen Vorbehalten ab, so sind die Ratschläge Machiavellis an Pragmatik kaum zu überbieten und gerade den Naiven unter uns kann die

Kenntnis machiavellistischer Praktiken dazu dienen, selbst nicht in die Falle eines Machiavellisten oder einer Machiavellistin zu tappen.

Der gute Hirte: führen statt herrschen

Aus Machiavellis Ausführungen geht hervor, dass der Fürst ständig dazu gezwungen ist mit allen nur erdenklichen Mitteln um den Erhalt seines Fürstentums gegen Feinde im Innen und im Außen zu kämpfen. Die Verbindung des Fürsten zu seinem Fürstentum sei eine fragile und zerbrechliche, so Foucault. (2000, 45)

Ganz anders verhält es sich bei der Figur des guten Hirten: Während der Fürst *herrscht*, *führt* der gute Hirte seine Herde an, geht es dem Fürsten um den Erhalt seines Fürstentums, so geht es dem guten Hirten um das Wohl seiner Herde. Die Aufgabe des Fürsten ist es zu kommandieren, die Aufgabe des Hirten ist es, sich um die Schafe zu sorgen – um die ganze Herde, aber auch um das Wohlergehen jedes einzelnen seiner Schafe. (Bröckling 2017, 19)

Der Fürst gebietet über das Land, befehligt seine Truppen, erlässt Gesetze, spricht Recht, treibt Steuern ein, es ist jedoch nicht seine Aufgabe, seine Untertanen zu ernähren und zu versorgen. Im Gegensatz dazu sorgt sich der gute Hirte um seine Herde: Er geht seinen Schäfchen voran, er versammelt sie um sich, sorgt dafür, dass sie Nahrung bekommen und pflegt jedes einzelne Schaf behutsam, wenn es krank ist.

Der gute Hirte ist kein Herrscher wie der Fürst, sondern er ist ein *Diener* der ihm anvertrauten Schafe, er übt eine sorgende und wohltätige Macht aus. (Foucault 2005a, 192ff)

Die Figur des guten Hirtens fand sich bereits im vorchristlichen Orient und wurde später vom Christentum übernommen. Gott sei wie einen guter Hirte, der für seine Herde sorge und auf ihr Wohl bedacht sei, auch Christus wurde als »guter Hirte« bezeichnet. Das Christentum baute auf der fürsorgenden Macht des guten Hirten auf und verfeinerte diese zu einer elaborierten *Kunst des Führens* von Menschen. (Bröckling 2017, 20)

Wie der Fürst praktisches Wissen braucht, um sein Fürstentum zu erhalten, so benötigt auch der christliche Hirte Wissen über seine Herde, um diese gut führen zu können. Er muss über den Zustand jedes einzelnen seiner Schafe genau Bescheid wissen, muss ihr Verhalten in jeder Situation einschätzen können und ihre geheimsten seelischen Regungen kennen. Je mehr er weiß, desto besser kann er die ganze Schafherde lenken und leiten. (ebd., 21)

Um zu diesem stark individualisierten Wissen über jedes einzelne der Schafe zu kommen, modifizierte das Christentum die antike Technik der Gewissensprüfung und entwickelte daraus eine neue kommunikative Praktik – die Beichte. Durch die Beichte wird eine besondere Beziehung zwischen dem Seelsorger und seinen Schafen hergestellt und die Beichte ermöglicht es dem Seelsorger, Zugang zu den tiefsten Geheimnissen und Sehnsüchten der ihm Anvertrauten zu bekommen und deren Seele bis in den letzten Winkel zu erforschen.

Etwas profaner betrachtet, ist die Beichte eine *Geständnistechnologie* (Foucault) und damit eine Technik der Macht. Ab dem 19. Jahrhundert fand die Beichte Eingang in die Therapie der Psyche und wie früher dem Seelsorger sollte nun der Patient dem Therapeuten seine innersten Regungen, Träume und Wünsche offenbaren. (ebd., 24)

Im 20. Jahrhundert hielt die Geständnistechnologie über therapeutische und gruppendynamische Methoden Einzug in die moderne Organisation, denn die Selbstoffenbarung ist Teil von Praktiken wie dem Konfliktmanagement und der Mediation[11]. Aus dieser Perspektive betrachtet, zeigt sich in gegenwärtigen Konzepten der »sanften Führung« die alte Hirtenmetapher in neuem Gewand. Denn auch modernes Leadership basiert auf der emotionalen Bindung der Führungskraft zu den ihr Anvertrauten: Statt zu befehlen oder Druck auszuüben, sorgt sie sich um das Wohl ihrer Schäfchen und leitet diese sicher an. Die gute Führungskraft kennt keine Machtunterworfenen, welche gehorchen müssen, sondern nur mehr Mitarbeiter, welche sie wie der gute Hirte dazu zu bringt, *freiwillig das zu wollen und das zu tun, was sie will.* Sie zwingt den Geführten keinen fremden Willen auf, sondern *lenkt* lediglich ihren eigenen Willen in die gewünschte Richtung.

In der Organisation der Gegenwart wird nicht mehr geherrscht, in dieser wird *geführt* und die Kunst der Führung beruht auf der Bereitschaft der Geführten, sich führen zu lassen. (Bröckling 2017, 22) Gute Hirten führen *sanft*, so Bröckling, und der *velvety grip* – die Kunst der Führung mit Samthandschuhen (McKinley/Starkey

---

[11] Siehe dazu: Mediation und Konfliktmanagement: Die Produktivität von Konflikten, S. 57.

1998b) – ist heute die gängige Technik der Macht. Die *subjektive* Kunst der Führung stellt nicht nur den Gegensatz zu den alten Kommandostrukturen der hierarchischen Bürokratien dar, sondern auch zu einem *scientific management*, das auf Rationalisierung, Objektivierung und Standardisierung abzielt.

Der Vergleich zwischen dem Fürsten und dem guten Hirten zeigt, wie unterschiedlich Techniken der Macht sein können: Während die Künste des Hirten im Zentrum gegenwärtiger Management- und Führungsdiskurse stehen, werden machiavellistische Machttechniken verpönt und aus diesen ausgeblendet. Doch nur selten ist der Raum der Macht frei von Betrug und Manipulation, das Spiel mit Schein und Sein ist in Organisationen allgegenwärtig und stellt keineswegs eine Ausnahme dar.

Machtfigurationen: König Ludwig XIV. und sein Hofstaat

Die Sichtbarkeit der Macht und die Leistungsperformance

Wie bereits angeführt, wurde Macht bis in die Neuzeit mit der Macht des Fürsten, des Königs oder des Kaisers verbunden. Die Macht des Königs beruhte zu wesentlichen Teilen darauf, dass sie öffentlich zur Schau gestellt wurde, sie beruhte auf *Sichtbarkeit* und musste wie ein Schauspiel auf der Bühne der Öffentlichkeit aufgeführt – *performed* – werden. Die vormoderne Macht des Königs brauchte die Inszenierung, um sich mit großer Geste entfalten zu können, wovon bis in die Neuzeit große Strafspektakel wie die öffentliche Marter zeugten, denn im Geheimen und unsichtbar konnte sie sich nicht entfalten. (Foucault 1977, 16-22)

Die Inszenierung war demnach keine Äußerlichkeit, sondern konstitutiv für die feudale Macht, dies zeigte der Soziologe Norbert Elias (2019; Erstausgabe 1969) anhand seiner Analyse der höfischen Gesellschaft rund um den absolutistischen König Ludwig XIV. (1638-1715) auf. Nach dem Ende des Absolutismus stellte sich das Bürgertum als soziale Klasse her, indem es gerade die scheinbaren Äußerlichkeiten der feudalen Gesellschaft ablehnte. Vernunft und Leistungsethos wurden dem Manierismus des Adels entgegen gesetzt und zentral für das bürgerliche Selbstverständnis, die Meritokratie sollte die Blutlinien des Adels ersetzen. Damit verbunden war das Versprechen nach dem sozialem Aufstieg, der auf eigener Kraft und Leistung basierte.

***

Doch gilt dieses Versprechen in einer als narzisstisch beschriebenen Gesellschaft noch? Hat hier nicht die neofeudale *Performance* das bürgerliche Leistungsethos ersetzt? Denn die *Performance* – von englisch *to perform*: tun, verrichten, ausführen – bezeichnet sowohl die Leistung als auch die theatralische Aufführung. Besteht heute die Leistung nicht oftmals gerade in der Aufführung? Gehen in der Aufmerksamkeitsökonomie der *social media* nicht die theatralische *Performance* und die Leistungs*performance* ununterscheidbar ineinander über?

Oftmals wird der Schein des Erfolgs bereits zu einem Garanten für diesen und das *Image* und *Prestige* einer Organisation beeinflussen den ökonomischen Wert einer Organisation mehr als ihre Ergebnisse, wie das Beispiel des Internet-Zahlungsanbieters Wirecard zeigt. Durch eine perfekte Inszenierung gelang es Wirecard-Chef Markus Braun lange, nicht nur Kunden und Mitarbeiter, sondern auch Wirtschaftsprüfer über die Lage des Unternehmens zu täuschen. Braun legte auf seine öffentliche *Performance* größten Wert und verstand es, sich *fürstlich* zu inszenieren; er residierte in einem schlossähnlichen Gebäude mit einem luxuriösen Ambiente und nur handverlesene Personen hatten Zugang zu ihm. Eine ehemalige Studienkollegin fühlte sich »geadelt«, weil sie zu Braun vorgelassen wurde und er sich kurz Zeit für sie nahm.

Dem König wurde demnach in der modernen Organisation niemals der Kopf abgeschlagen, und dass der König bis heute die zentrale Person im Machtgefüge einer Organisation blieb, liegt auch an einem Grundprinzip moderner Öffentlichkeitsarbeit: der Personalisierung. Die Person *on top* gibt der Organisationen buchstäblich »ihr Gesicht«, ein ansprechendes Äußeres in Kombination mit einem rhetorisch gewandten Auftreten bestimmt daher das Anforderungsprofil hoher Führungskräfte.

Für deren neofeudale Inszenierung sind die Zeremonienmeister der Gegenwart zuständig, die PR-Berater und Mitarbeiter der Abteilung für Öffentlichkeitsarbeit. Sie sind dazu angehalten, das Schauspiel der Macht zu gestalten, denn in einer an Visualität ausgerichteten Kultur muss das Volk sehen, um zu glauben und eine Macht, die im WorldWideWeb nicht sichtbar präsent ist, verliert an Stärke.

In der neofeudalen PR-Maschinerie der *social media* spielt neben dem König auch die Königin eine tragende Rolle. Perfekt gestylt werden die Frauen mächtiger Männer publicitywirksam in Szene gesetzt und ihr ehrenamtliches Engagement im Kulturbereich oder bei Charity-Events wird allerorts überschwenglich gelobt. Vorbilder für diese Art des neofeudalen Personenkults scheinen amerikanische First Ladies und englische Prinzessinnen zu sein.

Doch Top-Führungskräfte kommen und gehen, die Organisation als Machtfiguration bleibt jedoch unabhängig von Einzelpersonen bestehen. Die Inszenierung der Macht findet daher ihren primären Ausdruck in dem, was bleibt, nämlich in der Architektur des Zentrums der Macht.

Machtvolle Architektur: Prunkbauten und Herrschaftsgefüge

Das bringt uns zurück zu Ludwig XIV. Das Zentrum seiner Macht war der königliche Hof am Schloss von Versailles mitsamt der darin lebenden höfischen Gesellschaft. Versailles bildete – ähnlich wie das Schloss Schönbrunn – in sich ein komplexes Herrschaftsgefüge, um 1744 wohnten und lebten in der gesamten Schlossanlage etwa 10.000 Menschen. (Elias 2019, 138)

Schloss Versailles ist ein Repräsentationsbau, der dazu diente, den Machtanspruch des Königs zur Schau zu stellen – durch einen riesigen Gebäudekomplex, durch prunkvolle Räume wie dem weltberühmten Spiegelsaal und durch spektakuläre, wasserspeiende Brunnen in der weiträumigen Gartenanlage. (ebd., 77, 139,)

In der Anordnung der Wohnungen im Schloss Versailles zeigte sich, dass der König an der Spitze der höfischen Pyramide stand. Die zentral gelegenen und prunkvollsten Suiten waren dem König und der Königin vorbehalten und dienten der Repräsentation ebenso wie der Spiegelsaal, in welchem Staatsgäste empfangen wurden. Daneben befanden sich die Suiten anderer Adelsfamilien und je größer eine Wohnung war und je zentraler sie lag, desto höher war auch der Rang und Status der darin wohnenden Familie. (ebd., 75f) Vom Wohnbereich des höfischen Adels völlig abgesondert, befanden sich die Unterkünfte einer ganzen Armee von Dienstboten und Lakaien. Die Domestiken lebten hinter den Kulissen und in größtmöglicher Distanz zum höfischen Adel in kleinen und überbelegten Verschlägen. (ebd., 82)

Symbol der höfischen Gesellschaft waren die *Antichambre*, also die Räume *vor den Räumen* des Königs, der Königin und der Adeligen. In diesen Vorzimmern standen Diener und Lakaien Tag und Nacht einsatzbereit und warteten darauf, Befehle und Anordnungen von ihren Herrschaften zu erhalten. (ebd., 85)

***

Wie in Versailles zeigt sich auch heute in der Architektur so mancher Zentrale einer Organisation deren Prestigeanspruch. Die meisten Organisationszentralen sind keineswegs reine Funktionsbauten, sondern dienen dazu, den Status oder die Marktmacht einer Organisation architektonisch darzustellen. Die weitläufige Schlossanlage wurde lediglich durch den clean gestalteten Wirtschaftspalast oder den renovierten historischen Prunkbau ersetzt.

Da die großen europäischen Monarchien mit ihrem komplexen Herrschaftsgefüge die historischen Vorläufer der modernen Organisation waren, erscheint die gegenwärtige Symbolisierung von Macht in Form von Architektur nur folgerichtig. Auch im Innern der Bauten änderte sich wenig, denn die Anordnung und Ausgestaltung der Räumlichkeiten dient auch heute noch dazu, die soziale Rangordnung in der Organisation darzustellen. Als Grundregel gilt, dass je höher der Rang einer Person ist, desto feudaler und exquisiter das Ambiente des Raumes samt Büroeinrichtung zu sein hat.

Im Büro einer Top-Führungskraft werden handverlesene Einzelteile – vom teuren Schreibtisch bis zur Gegenwartskunst an der Wand – wie in einem Museum ausgestellt, wobei der hohe Rang einer Führungskraft sich auch in Leere und Reduktion ausdrücken kann, denn wer weit oben sitzt, braucht keine Akten mehr zu wälzen. Das im Penthouse angesiedelte Büro bietet überdies einen grandiosen Ausblick über die Skyline, den See oder was es sonst an Sehenswertem gibt. Rund um und unter dem Büro des CEOs oder des ranghöchsten Beamten/der ranghöchsten Beamtin sind die Büros anderer Führungskräfte, wiederum gestaffelt nach Rang, angesiedelt.

Außenstehende mit geübtem Blick können schon anhand der Büroeinrichtung, der Marke des Dienstautos und dem Parkplatz desselben einschätzen, welche Stellung eine Person in der Organisation einnimmt. Nicht selten werden harte Konkurrenzkämpfe darum ausgefochten, wer welches Büro beziehen und wer sein Dienstauto auf welchen Parkplatz stellen darf. Dabei handelt es sich keineswegs um lächerliche Streitereien, sondern um ernst zu nehmende Rivalitäten um Positionen, Prestige und Macht.

Interessanterweise hat in der modernen Organisation auch *das* Kennzeichen der höfischen Gesellschaft überlebt: das *Antichambre*. Jede Top-Führungskraft verfügt selbstverständlich über ihr eigenes *Antichambre* und das dazu gehörige dienstbeflissene Personal. Im *Antichambre* wartet traditionellerweise die Sekretärin auf Anordnungen und Besucher dürfen dort Platz nehmen, bevor sie vorgelassen werden. Das *Antichambre* hat einen ähnlichen Repräsentationswert wie das Büro der Führungskraft und die Personen darin sind die *gatekeepers* der Mächtigen, was sie mit einer nicht unbedeutenden Machtfülle ausstattet.

Wie in der Schlossanlage von Versailles befinden sich die Büros und Fabrikhallen samt der großen Masse der Beschäftigten räumlich meist weit entfernt vom Zentrum der Macht, im Zeitalter der Globalisierung in ärmeren Ländern oder auf anderen Kontinenten.

Der Königsmechanismus: Dynamiken von Aufstieg und Fall

Die Gesellschaft von Versailles bestand aus der Königsfamilie und dem höfischen Adel und war sowohl vom Landadel als auch von der Masse der Untertanen völlig isoliert. Alle Informationen, die der König bekam, mussten durch den Filter des Hofes dringen und ebenso musste alles, was vom König kam, auf seinem Weg nach Außen wiederum durch den höfischen Filter hindurch. Der Hof mit seinem kleinen elitären Zirkel stellte ein Universum für sich dar und nur durch die Vermittlung dieses Zirkels konnte der König herrschen. (Elias 2019, 77)

Der von der Außenwelt nahezu abgeschottete Machtzirkel der höfischen Gesellschaft stellte, so Elias, eine spezifische Figuration von Menschen dar, an deren Spitze der König stand, die aber ansonsten in wechselseitigen Abhängigkeiten voneinander lebte. In dieser Konstellation konnte man von einem Rivalen genauso abhängig sein wie von einem Verbündeten. (ebd., 244f)

Die Machtfiguration am Hof von Ludwig XIV. war gekennzeichnet durch eine Dynamik von Aufstieg und Fall. Da alle Personen am Hofe von der Gunst des Königs abhängig waren, gab es ständig Intrigen, Konkurrenzen und Streitigkeiten um seine Gunst. (ebd., 156) »Jeder hing vom anderen ab, alle vom König. Jeder konnte jedem schaden. Wer heute hoch rangierte, sank morgen ab. Es gab keine Sekurität. Jeder musste Bündnisse mit anderen Menschen, die möglichst hoch im Kurs standen, suchen, unnötige Feindschaften vermeiden, die Taktik des Kampfes mit unvermeidlichen Feinden genau durchdenken.« (ebd., 179)

Es lag am König, einer Adelsfamilie einen höheren Titel zu verleihen oder ihr eine prestigeträchtige Suite zuzuteilen, umgekehrt konnte er einer Adelsfamilie ihre Apanage aber auch reduzieren und ihnen die schöne Suite wieder wegnehmen. Die Macht des Königs lag darin, so Elias, dass er den sozialen Aufstieg und Abstieg seiner Höflinge so steuern konnte, dass dies genau seinen Interessen entsprach und er damit seine Position absichern konnte. (ebd., 123f)

Dieser »Königsmechanismus« schuf die besten Voraussetzungen für ständige Machtkämpfe am Hof. Da die Stellung in der Rangordnung labil war, wurde das Gerangel um den Erhalt oder die Verbesserung der eigenen Position zum alles beherrschenden Faktor. Eine Taktik des Königs bestand darin, Personen zu protegieren, die ihm alles zu verdanken hatten und damit alles wieder verlieren konnten. Dazu zählten neben seinen Maitressen auch seine außerehelich geborenen Söhne, die »Bastardsöhne«. Diese Günstlinge konnte der König dann gegen potentielle Rivalen wie seine Neffen oder seine Enkel, die selbst hohe Positionen im Machtgefüge inne hatten, ausspielen. (ebd., 206)

***

Auch heute bewegen sich die höchsten Führungskräfte zumeist in einem von der Außenwelt relativ isolierten Universum, in welchem sie von einem kleinen, elitären Zirkel an Mitarbeitern umgeben sind und von der Masse der Angestellten oder Arbeiter weitestgehend abgeschirmt werden. Wie am Königshof müssen auch in der modernen Organisation alle Informationen durch den Filter des *inner circle* um zur Top-Führungskraft durch zu dringen und können Anordnungen derselben nur durch die Vermittlung dieses Zirkels nach außen gelangen. Der organisationale Hofstaat prägt auch heute noch entscheidend die Wahrnehmung von Top-Führungskräften und dies führt zu einer Streuung der Macht im engsten Zirkel (Han 2005).

Auch der »Königsmechanismus« ist noch allerorts zu finden, denn je größer die Machtfülle einer Top-Führungskraft ist, desto besser kann diese ihre Position dazu nutzen, Günstlinge zu protegieren und diese gegen potentielle Rivalen auszuspielen, desto mehr wird um deren Gunst gebuhlt und desto mehr Intrigen sind nötig, um die eigene Position in der Rangordnung abzusichern.

Die traditionelle Bürokratie diente dazu, jedem einen fixen Platz in der Ordnung zuzuweisen, Machtbeziehungen zu stabilisieren und damit Rivalitäten zu reduzieren. Doch in der neofeudalen Organisation der Gegenwart wich das »stahlharte Gebäude« dynamischen Machtbeziehungen und Abhängigkeitsverhältnissen. Das erleichtert den schnellen Aufstieg, aufgrund der Labilität der Machtverhältnisse ist jedoch ein ebenso rascher Abstieg möglich und wer heute noch dein Netzwerkpartner ist, kann dir schon morgen den begehrten Job vor der Nase weg schnappen. Wie in der höfischen Gesellschaft wird der Kampf um die Verbesserung der eigenen Stellung zum alles beherrschenden Faktor, was zu Intrigen und ständig wechselnden Allianzen führt.

Die neofeudalen Dynamiken von Aufstieg und Fall werden aus den gängigen Machtkonzeptionen ausgeklammert, da sie das meritokratische Versprechen, dass Leistung mit einem linearen Aufstieg verbunden sei, konterkarieren. Schon Elias befand, dass die »Erregung eines höfischen Menschen über das drohende Sinken seines Ranges und seines Prestiges« nicht geringer wären, als die Erregung »eines Managers oder Beamten über einen drohenden Verlust an Karriere-Chancen.« (Elias 2019, 162)

Statusconsumption ethos *oder die Macht von Statussymbolen*

Die Macht des Königs beruhte auf dem Zur-Schau-Stellen von Statussymbolen, denn in der höfischen Gesellschaft dienten diese nicht primär dazu, den Reichtum zu präsentieren, sondern dazu, die soziale Position zu festigen. Der soziale Rang einer Person musste für jeden sofort erkennbar sein und hing von dem ab, was das Bürgertum später als Oberflächlichkeit bezeichnete.

Denn der höfische Adel war *verpflichtet*, gemäß seinem Rang aufzutreten und diese Verpflichtung war umso größer, je höher der Rang war. Baute ein Herzog beispielsweise ein Schloss, so musste dieses seine Position repräsentieren. Fehlten dem Herzog die finanziellen Mittel für einen Repräsentationsbau, verlor er damit auch seinen sozialen Status. Denn ein Rang, der nicht sichtbar dargestellt werden konnte, hatte keine Realität, es gab keinen Titel ohne Mittel. (ebd., 111)

Aus dieser Perspektive betrachtet, waren die feudalen Prunkbauten, das exquisite Mobiliar der Salons, die prunkvolle Kleidung samt dem erlesenen Schmuck und die üppigen Speisenfolgen keine dekadenten Spielereien, sondern basierten auf gesellschaftlichen Zwängen, denen ein Adliger sich nur entziehen konnte, wenn er auf die Zugehörigkeit zu seiner sozialen Schicht verzichtete. (ebd.,100)

Dies zeigte sich auch in der höfischen Kleiderordnung, die nicht mit der modernen Mode vergleichbar ist. Keinesfalls konnte jede und jeder das tragen, was ihm gefiel, im Gegenteil, die Art der Kleidung war bis ins letzte Detail vorgegeben, unterlag einem strengen Reglement und nicht der Wahl des Trägers oder der Trägerin.

Die »Durchbildung des Äußeren als Instrument der sozialen Differenzierung« (ebd., 111), welche sich im *statusconsumption ethos* zeigt, führte in der feudalen Gesellschaft zu absurden Auswüchsen: Da es dem Adel nicht erlaubt war, Einkünfte aus beruflichen Tätigkeiten zu beziehen, erhielt dieser seinen aufwendigen Lebensstil aus den Gewinnen, welche die Landsitze abwarfen oder aus den Zuwendungen des Königs. Sanken die Einkünfte oder wurden die Zuwendungen reduziert, war es den Adelsfamilien nicht möglich, die Ausgaben für ihr *savoir vivre* zu reduzieren. Adelige mussten am Statuskonsum festhalten, denn nur dadurch konnten sie ihre soziale Position bewahren; sie unterlagen dem sozialem Zwang zum Konsum prestigeträchtiger Güter, der letztlich viele Adelsfamilien in den Ruin trieb. (ebd., 116ff)

***

Typen des Prestigeverbrauchs fänden sich in allen Gesellschaften, so Elias, und seien auch in den gehobenen Schichten der Industriegesellschaft zu beobachten. (ebd., 125) Dies hat sich in der visuellen Kultur der Digitalität nochmals verstärkt. Wir *produzieren uns*, wir *inszenieren uns* in der Öffentlichkeit und *performen so unsere Identität.* (Han 2021, 21) Ein Blick in die unterschiedlichen Lifestyle-Welten der *social media* genügt, um zu sehen, dass das neofeudale *statusconsumption ethos* das Sparefroh-Ethos der Nachkriegszeit ersetzt hat.

Auch in der hoch dynamischen, wissensbasierten Organisation der Gegenwart dienen Statussymbole und Prestigekonsum dazu, die Mitgliedschaft in einer elitären Gruppe sichtbar zu machen und damit auch den eigenen Rang im Machtgefüge dieser Gruppe abzusichern. Und wer beim geforderten *savoir vivre* nicht mitmachen kann oder will, gerät in Gefahr, die Zugehörigkeit zur Gruppe zu verlieren.

Deetz (1998, 151-172) zeigt dies anhand einer Fallstudie auf: In einer großen, multinationalen Organisation wurde ein Service-Center gegründet, welches unterschiedlichen Abteilungen intern IT-Dienstleistungen verkaufen sollte. Rekrutiert wurden die Mitarbeiter dieses Service-Centers aus IT-Spezialisten, die bereits vorher in der Organisation tätig waren, und für welche ihre neue Tätigkeit als Berater einen beruflichen Aufstieg darstellte. Um sich von »normalen« Technikern abzuheben, kleideten sie sich nun in edlen Anzügen, fuhren teure Autos und pflegten einen luxuriösen Lebensstil. Damit stieg die Abhängigkeit der Berater vom höheren Einkommen und das führte wiederum zu Ängsten vor dem Verlust der gut dotierten Positionen, da das Service-Center nicht die erwarteten Gewinne abwarf. Nach dem steilen Aufstieg kam es auch zum raschen Fall, da die Berater-Posten von der Konzernleitung wieder gestrichen wurden.

Gerade in wissensbasierten Organisationen, die auf dynamischen Machtgefügen basieren, gewinnt der *status-consumption ethos* an Relevanz, da die Änderung der Position sehr schnell mit Hilfe von Statussymbolen ausgedrückt werden kann. Und wie der Rang des Herzogs hat auch der Aufstieg in den Rang eines Beraters keine Realität, wenn er nicht sichtbar dargestellt wird.

Daher ist auch die Kleiderordnung in Organisationen heute noch geprägt von neofeudalen Elementen. Zwar machte das Bürgertum der aristokratischen Opulenz von Samt, Seide und Nerz ein Ende und ersetzte diese durch die Uniform des berufstätigen Mannes, den Anzug, welcher mit leichten Modifikationen für die berufstätige Frau adaptiert wurde. Ab den 1990er Jahren stieg zeitgleich mit den Aktienkursen von IT-Unternehmen auch der symbolische Wert von Rollkragenpulli, T-Shirt und Jean, die nun zu den Insignien des neureichen IT-Nerds wurden.

Sieht man vom Prestigewert des Rollkragenpullis ab, so wird auch heute noch in den höchsten Führungspositionen größter Wert auf repräsentative Kleidung gelegt. Wie im feudalen Hofstaat ist der Dresscode umso stärker, je höher die Position in der Organisation ist und je mehr die Führungskraft im Rampenlicht der Öffentlichkeit steht. Doch auch die Uniformiertheit des Anzugs lässt dem (männlichen) Träger noch genügend Spielraum, um damit Prestigeansprüchen gerecht zu werden. Eingekleidet in das »feine Garn« edler Maßanzüge und handgefertigter Schuhe samt passender Schweizer Nobeluhr können Top-Führungskräfte ihren Status dezent, aber für geübte Augen gut sichtbar zur Schau stellen.

Die Etikette als Machtinstrument: gestern und heute

Eine zentrale Rolle im *Königsmechanismus* spielte die höfische Etikette, die uns heute völlig fremd erscheint. Ludwig XIV. galt als ein Meister der Etikette und setzte diese gezielt als Macht- und Herrschaftsinstrument ein, denn die Etikette gab ihm die Möglichkeit, Privilegien zu verteilen oder vorzuenthalten und damit Personen gegeneinander auszuspielen. (ebd. 146f) Durch kleinste Nuancen im Verhalten konnte der König anzeigen, wie hoch eine Person gerade bei ihm im Kurs stand und die Etikette erwies sich »als ein höchst zuverlässiges Messinstrument für den Prestigewert des Einzelnen im Netzwerk seines Beziehungsgeflechts«, so Elias (ebd., 19).

So nutzte der König beispielsweise Einladungen zu Festen, Spaziergängen oder Ausflügen dazu, seine Gunst zu bezeugen oder unliebsames Verhalten zu bestrafen, wodurch er gezielt Eifersüchteleien schürte und verhindern konnte, dass sich konkurrierende Adelsfamilien gegen ihn verbündeten.

Komplexere Formen nahm die Etikette beim berühmten *lever* des Königs an. Die im modernen Sinne banale Tätigkeit des Sich-Ankleidens wurde durch die Etikette zu einer feierliche Zeremonie, welche die Form eines Staatsaktes annahm. Das *lever* des Königs fand täglich im prachtvoll ausgestattetem königlichen Schlafzimmer statt, zumeist gegen acht Uhr, nachdem eine Kette von Kammerherrn in Gang gesetzt wurde, um dem König sein Frühstück bringen zu lassen, empfing er seine ersten Besucher. Diese durften daraufhin in genau geregelter Abfolge in sein Schlafzimmer eintreten: zuerst kamen die weiblichen Mitglieder der Familie, auf diese folgten Beamte, Minister, Staatssekretäre und Adelige und am Ende betraten die Söhne des Königs und seine persönlichen Vertrauten den Raum. Während die Besucher nacheinander eintraten, wurde der König von seinen Kammerdienern angekleidet, wobei jeder noch so kleine Akt mit einem bestimmten Prestige verbunden war. So stellte es ein außerordentliches Privileg dar, dem König beim Anziehen seines Taghemdes beiwohnen zu dürfen. (ebd., 142- 145)

Das feierliche Zeremoniell des *lever* zeigt, wie der König eine im heutigen Sinne banale Tätigkeit dazu nutzte, um dadurch die höfische Rangordnung festzulegen, diese jedoch auch jederzeit wieder verändern konnte. Die Etikette war dem Geschehen am Hof nichts Äußerliches, sondern ein höchst effizientes Machtinstrument, mit welchem der König eine »Konkurrenzapparatur« installierte. (ebd., 153)

* * *

Die höfische Gesellschaft kannte die Trennung von Beruf- und Privatsphäre nicht, insofern lässt sich das *lever* des Königs nicht eins zu eins auf gegenwärtige Organisationen übertragen.

Doch Elias hielt 1969 fest, dass in Großorganisationen Statusrivalitäten ebenso zu finden sind, wie in der höfischen Gesellschaft. In der feudalen Welt fand man jedoch »noch ganz *offen* und in großem Maßstabe manche Erscheinungen, denen man heute oft *weit versteckter und verdeckter unter der Decke der hochbürokratisierten Organisation* begegnet.« (2019, 241; Hv.WK) Auch in der modernen Organisation findet sich demnach in versteckter und verdeckter Form die Etikette wieder.

Sie ist derart selbstverständlich, dass wir sie nicht als solche wahrnehmen: Man lässt dem Chef oder der Chefin am Gang, im Lift oder am Parkplatz unhinterfragt den Vortritt, man grüßt ehrfurchtsvoll, wartet, wenn der Chef oder die Chefin zu spät beim Meeting erscheint, lässt ihn/ihr dann das Wort ergreifen und hört seinen/ihren langweiligen Ausführungen interessiert zu. Alles hat eine Bedeutung und durch jede kleinste Geste werden die Positionen und damit das Regime der Über- und Unterordnung bestätigt. Auch die Veränderung innerhalb der Rangordnung spiegelt sich in diesen kleinen Akten gut sichtbar wieder.

Vice versa hat auch die Führungskraft die Möglichkeit, mit kleinen Nuancen ihres Verhaltens anzuzeigen, wie hoch eine Person, unabhängig von ihrer hierarchischen Position, bei ihr im Kurs steht. Sie kann durch ein Küsschen hier und einen Handschlag dort gut ihre Gunst beweisen oder durch das Vermeiden dieser Rituale ihre

Gunst wieder zurücknehmen. Durch die Einladung zu einem Business-Lunch oder zu einem Golfausflug – der modernen Form des feudalen Spaziergangs – können Günstlinge protegiert und andere hochrangige Personen gedemütigt werden, durch die Vergabe von Terminen oder Vier-Augen-Gesprächen kann Konkurrenz geschürt werden.

Die Etikette dient auch heute noch als Machtmittel, denn dem König wurde in der Organisation der Gegenwart trotz gegenteiliger Behauptungen keineswegs der Kopf abgeschlagen, genau so wenig wie seiner elitären höfischen Gesellschaft der Garaus gemacht wurde. Neofeudale Elemente dienen auch in der Organisation der Gegenwart dazu, Macht sichtbar zu machen: »Im Souveränitätsregime sind prunkvolle Inszenierungen der Macht wesentlich für die Herrschaft. Das Schauspiel ist ihr Medium. Die Herrschaft präsentiert sich im theatralen Glanz. Ja, es ist der *Glanz,* der sie legitimiert. Zeremonien und Symbole der Macht stabilisieren die Herrschaft.« (Han 2021, 9) Daher wissen hohe Führungskräfte: *Man spricht nicht über Macht, man inszeniert sie.*

Die Macht der Überwachung: Das Panopticon

Zu Beginn des 19. Jahrhunderts hatte der Aufklärungsphilosoph und Humanist Jeremy Bentham (1748 -1832) einen Traum: den Traum von einer besseren Gesellschaft. Die Menschen sollten aus ihrer Unmündigkeit befreit und zu produktiven Mitgliedern einer modernen Gesellschaft werden, sie sollten in Schulen Bildung erhalten, in der Fabrik gute Arbeitsbedingungen, im Spital geheilt und im Gefängnis gebessert werden. (Foucault 1977, 267)

Um all das Gute zu erreichen, das die Aufklärung wollte, wie Humanität, Gleichheit, Gerechtigkeit, bedurfte es keiner strafenden, sondern einer produktiven Macht, welche das Leben fördern sollte, statt es zu töten, einer *Lebensmacht*, »die das Leben in die Hand nimmt, um es zu *steigern* und zu vervielfältigen, um es im Einzelnen zu *kontrollieren* und im gesamten zu *regulieren.*« (Foucault 1983, 163; Hv.WK)

Um die Steigerung der produktiven Kräfte zu ermöglichen, konstruierte Bentham einen architektonischen Apparat, welchen er das *Panopticon* nannte. Das Panopticon besteht aus einem Turm in der Mitte, welcher von einer ringförmigen Konstruktion umgeben ist. Dieser Gebäudering besteht aus einzelnen Zellen, deren Insassen vom Turm aus beobachtet werden können. Es genügt, einen Aufseher im Turm zu postieren, um die Kontrolle über das Geschehen in allen Zellen zu haben: »Jeder Käfig ist ein kleines Theater, in dem jeder Akteur allein ist, vollkommen individualisiert und ständig sichtbar.« (Foucault 1977, 257)

Während die Insassen vom Turm aus gesehen werden, können sie nicht in den Turn hinein sehen und wissen daher nicht, ob ein Aufseher im Turm anwesend ist. Daher fühlen sich die Insassen ständig dem Blick des Aufsehers ausgesetzt, auch wenn dieser abwesend ist, sie verinnerlichen die Überwachung. Im Panopticon wird jeder Insasse »gesehen, ohne selber zu sehen; er ist Objekt einer Information, niemals Subjekt einer Kommunikation. [...] Die Sichtbarkeit ist eine Falle.« (ebd.)

Gleichzeitig ist jeder Insasse in seiner Zelle von allen anderen Insassen isoliert, wodurch verhindert werden soll, dass Sträflinge ein Komplott planen, Kranke sich gegenseitig anstecken oder Schüler voneinander abschreiben. Doch das Panopticon zielt nicht nur darauf ab, die Insassen zu überwachen, auch die Wächter und Aufseher im Turm können damit kontrolliert werden, denn jederzeit kann ein Inspektor im Turm auftauchen, um die Arbeit des Aufsehers zu kontrollieren.

Das Panopticon wurde zwar zum Ideengeber für Gefängnisbauten und Psychiatrien, doch in seiner »visionären« Form wurde es niemals realisiert. Benthams Panopticon wäre wahrscheinlich in Vergessenheit geraten, hätte nicht Michel Foucault in der panoptischen Macht das *Paradigma moderner Machtmechanismen* gesehen. Denn diese unterdrücke nicht, so Foucault, sie arbeite an der »Anreizung, Verstärkung, Kontrolle, Überwachung, Steigerung und Organisation der unterworfenen Kräfte [...] Die Macht ist dazu bestimmt, Kräfte hervorzubringen, wachsen zu lassen und zu ordnen, anstatt sie zu hemmen, zu beugen oder zu vernichten.« (Foucault 1983, 185)

Während die Macht des Königs darauf beruhte, dass sie mit grausamen Tötungsritualen wie der Marter öffentlich zur Schau gestellt wurde, bewirke das Panopticon, dass die Macht immer *unsichtbarer, ungreifbarer und diffuser wird*, gleichzeitig werden die machtunterworfenen Individuen immer *sichtbarer*, so Foucault. Die Sichtbarkeit diene dazu, das Verhalten der Individuen vorhersehbar und damit steuerbar zu machen. Die panoptische Macht »setzt sich durch, indem sie sich unsichtbar macht, während sie den *von ihr Unterworfenen die Sichtbarkeit aufzwingt*. In der Disziplin sind es die Untertanen, die gesehen werden müssen, die im Scheinwerferlicht stehen, damit der Zugriff der Macht gesichert bleibt.« (Foucault 1977, 241)

Im Gegensatz zur feudalen Macht ist die panoptische Macht eine anonyme Macht, die nicht an einzelne Personen gebunden ist, denn der Wächter im Turm kann jederzeit durch einen anderen ausgewechselt werden. Der größte Vorteil des Panopticons ist jedoch, dass »von immer weniger Personen Macht über immer mehr ausgeübt wird.« (ebd., 265)

Charakteristisch für die panoptische Macht ist, dass sie mit Ordnung und Reglementierung arbeitet. Sie evoziert ein bestimmtes Verhalten und verhindert ein anderes, man könnte diese Macht auch als Macht der *non decisions* bezeichnen (Imbusch 2021, 11). Das Panopticon reglementiert Raum und Zeit, es ordnet die Körper im Raum an und richtet das Verhalten der Insassen an Normen und Standards aus – an Leistungsstandards, Gesundheitsstandards, an moralischen Normen. Dazu braucht die Macht jedoch Wissen über die Insassen: Wissen über die Kranken und ihre Krankheiten, Wissen über die Schüler und ihren Lernfortschritt, Wissen über die Arbeiter und ihre Fertigkeiten. Um das Wissen zu sammeln, müssen die Kranken durch die tägliche Visite überprüft, die Schüler laufenden Prüfungen unterzogen, die Ergebnisse der Arbeiter ständig kontrolliert werden. (Foucault 1977, 240f)

Die ständige Überprüfung und Dokumentation der Ergebnisse bringt ein systematisches Wissen hervor: medizinisches Wissen, pädagogisches Wissen, Management-Wissen. Wissen und Macht werden durch die Kontrolle und Überwachung eng miteinander verschränkt. Es sei ein Mythos, dass die Macht sich eines objektiven und neutralen Wissens bedient, welches in großer Distanz zu ihr entstünde, im Gegenteil, die Macht bringe Wissen erst hervor und umgekehrt diene dieses Wissen immer auch der Machtausübung, so Foucault. Er betont, »dass Macht und Wissen einander unmittelbar einschließen; dass es keine Machtbeziehungen gibt, ohne dass sich ein entsprechendes Wissensfeld konstituiert und kein Wissen, dass nicht gleichzeitig Machtbeziehungen voraussetzt«. (ebd., 39)

Betrachten wir die panoptische Macht am Beispiel einer Druckerei des 18. und 19. Jahrhunderts, wobei es zahlreiche Überschneidungen zwischen Bentham und fortschrittlichen Managern der industriellen Revolution wie Taylor gab (Mc Kinley/Starkey 1998a).

Zuerst wurde die Druckerei durch Mauern und Zäunen nach außen hin abgeriegelt und es wurde streng geregelt, wer hinein durfte und wer nicht. Im Innern parzellierte man den Raum in kleine Bereiche und jedem Drucker wurde ein bestimmter Tisch zugewiesen: »Jedem Individuum seinen Platz und auf jeden Platz ein Individuum.« (Foucault 1977, 183) Vom Mittelgang aus konnte der Aufseher alle Tische und alle Arbeiter gut überblicken und es ließ sich leicht feststellen, wer geschickt war und wer nicht. Durch die Anordnung der Personen im Raum wurde ein feinmaschiges Überwachungsnetz konstruiert.

Da die Arbeitsprozesse in den Druckereien immer komplexer wurden, musste der Aufseher wiederum durch einen Inspektor überwacht werden, der dem Eigentümer direkt unterstellt war. Die Überwachung wurde so zu einer eigenen Funktion, für welche ein spezialisiertes Personal benötigt wurde. (ebd., 226)

Die Arbeiter wurden aber nicht nur von Aufsehern und Inspektoren überwacht, sie kontrollierten sich auch gegenseitig und beobachteten auch ihre direkten Vorgesetzten, so dass ein System wechselseitiger Überwachung entstand. Denn das Panopticon funktioniert wie ein »Beziehungsnetz von oben nach unten und bis zu einem gewissen Grad auch von unten nach oben und nach den Seiten.« (ebd., 228)

Foucault zeigte mit dem Panopticon auf, dass *hinter der Fassade* von Humanität, Effizienz und Gleichheit, mit welcher sich die moderne Organisation umgibt, eine unsichtbare und inhumane Macht wirkt (Mc Kinley/Starkey 1998a). Während sich die feudale Macht inszeniert und öffentlich produziert, ist die Verschleierung das Kennzeichen moderner, produktiver Macht. Das Geheimnis sei unerlässlich für das Funktionieren der Macht in der

Moderne, so Foucault, denn »nur unter der Bedingung, dass sie einen wichtigen Teil ihrer selbst verschleiert, ist die Macht erträglich. Ihr Durchsetzungserfolgt entspricht ihrem Vermögen, ihre Mechanismen zu verbergen.« (Foucault 1983, 107)

***

Wo und wie lässt sich das Panopticon auf die Organisation der Gegenwart übertragen? In welchen Praktiken zeigt sich die panoptische Macht heute?

Im Folgenden gehe ich auf unterschiedliche Instrumentarien panoptischer Macht und den damit verbundenen Wissen-Macht-Komplex ein: auf das Zahlen-Panopticon der klassischen Betriebswirtschaft, das Qualitäts-Panopticon des TQM *(total quality management)*, das Evaluierungs-Panopticon des 360°-Feedbacks, auf das digitale Panopticon und auf gegenwärtige Zeit-Architekturen.

Das Zahlen-Panopticon: Überwachung durch Zahlen

Traditionelle Unternehmensgründer waren Autoritätsfiguren, die eine souveräne und vormoderne Macht repräsentierten; sie mussten alles wissen, alles unter Kontrolle haben und alle Entscheidungen selbst treffen. Doch je größer und komplexer Organisationen wurden, desto mehr stieß diese Form der Machtausübung an ihre Grenzen.

Henry Ford, dem Eigentümer der gleichnamigen Automarke, wurde nachgesagt, wie ein absoluter Monarch zu regieren. Doch Fords Allmachtsanspruch geriet in den 1920er Jahren durch den Konkurrenten General Motors ins Wanken, der seinen Erfolg aufgrund eines internen Rechnungswesens ausbauen konnte. Die anonyme Macht des Rechnungswesens stellte die Antithese zu Fords autokratischer Form der Machtausübung dar. (Mc Kinley/Starkey 1998b, 111f)

Daraufhin fand auch bei Ford das Rechnungswesen Eingang, nämlich in Person von Robert Mc Namara, dem späteren amerikanischen Außenminister und Direktor der Weltbank. Mc Namara übernahm in den 1940er Jahren die Finanzen von Ford und wurde damit zu dessen Jeremy Bentham. Mc Namaras Anspruch war es, durch das Rechnungswesen rationale Entscheidungsprozesse zu ermöglichen, welche auf Zahlen und Fakten basierten und nicht auf dem Willen des Eigentümers.

Im betriebswirtschaftlichen Management stellen die *Zahlen* das Steuerungsinstrument dar. Betriebswirtschaftliche Modelle gelten als objektiv und neutral und als Ausdruck moderner Rationalitätsprinzipien mit welchen Systematisierbarkeit, Berechenbarkeit, Vorhersehbarkeit, Kalkulierbarkeit und Kontrollierbarkeit von Prozessen einher gehen (Müller 2020, 170). Die Betriebswirtschaft geht davon aus, dass Zahlen ein rationales Verständnis der Organisation und objektive Planungs- und Entscheidungsprozesse ermöglichen. (Mc Kinley/Starkey 1998a, 8)

Doch sind Zahlen wirklich nur ein objektives Planungsinstrument? *Making things visible* lautet das Motto der Betriebswirtschaft und der Zahlen-Fokus zielt darauf ab, alles und jeden in der Organisation *sichtbar* zu machen. Jeder Umsatz und jede Gewinnspanne soll Personen, Produkten, Arbeitsprozessen zugeordnet werden, jede Leistung soll individuell gemessen, in Zahlen gefasst, verglichen und kontinuierlich kontrolliert werden. *Jeder Zahlen-Käfig ist ein kleines Theater, indem jeder Akteur allein ist, vollkommen individualisiert und ständig sichtbar.*

Durch Zahlen wird Wissen erworben, dass dazu dient, die Organisation zu regieren, *denn nur was man kontrollieren kann, kann man auch steuern.* Somit lässt sich mit Blick auf die Ertragszahlen der Leistungsdruck beliebig erhöhen und jede Managementhandlung rechtfertigen. Sowohl die Einstellung von Mitarbeitern als auch deren »Freisetzung«, sowohl die Errichtung einer Fabrik als auch deren Auflösung.

Aus Foucaults Perspektive betrachtet, ist das Rechnungswesen keineswegs ein neutrales Steuerungsinstrument, sondern eine *Waffe* im umkämpften Terrain der Organisation. (Mc Kinley/Starkey 1998, 111f). Die Macht der Zahlen ist eine unsichtbare, anonyme panoptische Macht, welche die Machtunterworfenen der vollständigen Sichtbarkeit aussetzt. Allein das Bewusstsein durch Zahlen überwacht zu werden, führt zur Verinnerlichung von Macht und einem vorauseilendem Gehorsam – den *chilling effects*, die bereits in den 1960er Jahren festgestellt wurden.

Zurück zu Ford: Mc Namara stieß mit seinem Fokus auf totale Kontrolle durch Zahlen jedoch an seine Grenzen und brachte Ford in den 1970er Jahren an den Rand des Ruins, denn Mc Namara interessierte sich im Gegensatz zu Henry Ford nicht für Autos. Durch Mc Namaras Zahlenfetischismus nahm die Anzahl der Inspekteure zu, die Qualität der Autos jedoch ab; gute Ideen der Mitarbeiter wurden abgewürgt und die Wünsche der Konsumenten ignoriert. Dies wiederum ermöglichte es japanischen Automarken, den amerikanischen Markt zu erobern und bei Ford führte es dazu, den Fokus auf die finanziellen Kontrollmechanismen zu hinterfragen. (ebd. 120ff) Statt der Kontrolle durch Zahlen rückte nun das Human Ressource Management (HRM) in den Vordergrund. Sehen wir uns nun eines der Instrumente des HRM, das *total quality management* (TQM) genauer an.

Das Qualitäts-Panopticon: Überwachung durch Sichtbarkeit

Das TQM zielt gerade auf das ab, was vom Zahlen-Panopticon nicht erfasst werden kann: Qualität und Innovation. TQM ist, so die Definition, eine Führungsmethode, die dazu dienen soll, den Kunden die bestmögliche Qualität zu gewährleisten und gleichzeitig die Zufriedenheit der Mitarbeiter durch größtmögliche Autonomie zu erhöhen. (Bröckling 2007, 217-235)

Maßstab des TQM ist die Kundenzufriedenheit, denn in gesättigten und damit hart umkämpften Märkten steht der Dienst am Kunden an oberster Stelle. Die Mitarbeiterinnen und Mitarbeiter sind daher angehalten, alles aus der Kundenperspektive zu betrachten und die Qualität ihrer Leistungen selbstverantwortlich auf die Kundenwünsche abzustimmen. (ebd., 225)

Das soll im Idealfall dazu führen, dass alles Bestehende hinterfragt, optimiert und kundenfreundlicher gemacht wird. Optimierung ist aus der Sicht des TQM wiederum nur dort möglich, wo Prozesse und Aktivitäten gemessen und an einem Soll ausgerichtet werden können. In der Praxis führt TQM dazu, dass alles in der Organisation gemessen und miteinander verglichen wird, die eigenen Leistungen ebenso wie die Leistungen der Konkurrenten, die Erwartungen der Kunden ebenso wie ihre Zufriedenheit. Da heute keine größere Organisation ohne Qualitätsmanagement auskommt, entgeht keine Kundin und kein Kunde der Flut an telefonischer oder digitaler Zufriedenheitsmessung, kann kein Kunde ein Produkt konsumieren, ohne danach eine Beurteilung darüber abgeben zu müssen.

Mit dem TQM geht ein Prozess kontinuierlicher Datenerhebung und systematischer Generation von Wissen einher, der alles was Mitarbeiterinnen und Mitarbeiter tun oder lassen einer *Ordnung der Sichtbarkeit* unterwirft. (ebd. 229) Universitäten erheben die Zahl der Abschlüsse, die Dauer der Studienzeiten, die Qualität der Lehre und der Forschung; Krankenkassen erheben die Anzahl der Patienten und die Wartezeit auf Termine; Bäckereien führen mit hohem finanziellen Aufwand Kundenbefragungen zu Geschmack und Konsistenz von Backwaren durch. So hoch der mit der Erhebung der Daten verbundene Aufwand ist, so rasch veralten diese Daten wieder, weshalb ständig neue Erhebungen und Evaluierungen notwendig sind. Letztlich führe das TQM dazu, dass sich die Organisation in einem Dauerkreislauf von Kundenbefragung, Datenerhebung und Evaluierung befinde, so Bröckling. (ebd. 233)

Im TQM ist der Begriff des *Kunden* sehr weit gefasst und das TQM differenziert nicht zwischen einem Konsumenten, der sich ein neues Handy kauft und einem

Arbeitslosen, welcher der Macht einer Behörde unterworfen ist. Die euphemistische Verwendung des Begriffs »Kunde« treibt skurrile Blüten, was sich am folgenden Beispiel zeigt: 1987 wurde die Polizeibehörde von Madison, USA, für ihre vorbildliche Umsetzung von TQM ausgezeichnet. (ebd. 234f)

Wie war die Polizei zu dieser Auszeichnung gekommen? Da der Dienst am Kunden im TQM über allem steht, hatte die Polizeibehörde Fragebögen verschickt, um die Qualität der Dienstleistung zu erheben und die Kundenzufriedenheit zu messen. Neben Verbrechensopfern und Zeugen wurden die Fragebögen auch an Drogendealer, Einbrecher und andere Delinquenten verschickt. Auf einer Skala von »hervorragend« bis »sehr schlecht« konnte nun der Boss eines Drogenringes die Anteilnahme der Beamten beurteilen, die ihn festgenommen hatten, überdies konnte er seine Wünsche nach Verbesserung artikulieren. (ebd.) Der Begriff des Kunden erhält eine völlig neue Bedeutung, wenn man sich dabei einen Drogendealer vorstellt, der einen Fragebogen der Polizei ausfüllt und darüber nachdenkt, ob seine Verhaftung von Mitgefühl begleitet wurde, oder ob ein Kaffe Latte die Qualität des Verhörs verbessern könnte.

Das Evaluierungs-Panopticon: Überwachung durch Feedback

Ein weiteres beliebtes panoptisches Instrument des HRM stellt das 360° Feedback dar, das vorwiegend zur Beurteilung von Führungskräften eingesetzt wird. Mithilfe des allseits beliebten digitalen Fragebogens sollen das Verhalten und die Leistung einer Führungskraft von Untergebenen, Kollegen, Kunden und Vorgesetzten *evaluiert* werden. Die Daten werden anonymisiert erhoben und das Ergebnis dient dazu, über Aufstieg oder Gehalt der oder des Beurteilten zu entscheiden. Üblicherweise wird das Ergebnis der Evaluierung in einem Balkendiagramm visualisiert. Das Balkendiagramm suggeriert Objektivität und jedes Balkendiagramm hat sein eigenes visuelles Muster, wodurch das Ergebnis einer Evaluierung leicht mit anderen Ergebnissen verglichen werden kann. (Bröckling 2007, 236-247)

An die Stelle des Wächters im Turm, der alles überblickt, tritt im Evaluierungs-Panopticon ein Modell *wechselseitiger Sichtbarkeit*, bei dem jeder jeden beobachtet und gleichzeitig von jedem beobachtet wird, wodurch die Kontrolle von oben demokratisiert wird. Dem Werkzeug des Feedbacks liegt ein kybernetisches Modell zugrunde: Rückkopplungsschleifen sollen der Führungskraft Rückmeldung auf ihr Verhalten geben, damit sie ihre Selbstführung verbessern und sich an die Erwartungen von Untergebenen, Kollegen, Kunden und Vorgesetzten anpassen kann. (ebd., 239) Die Führungskraft steht so unter multiperspektivischer Aufsicht, wobei sie wiederum von den Mitarbeitern kontrolliert wird, für deren Kontrolle sie im Organisationsalltag wiederum zuständig ist. Was auch immer die Führungskraft tut oder eben nicht tut, wie auch immer sie sich verhält, alles kann in ihre Beurteilung eingehen. (ebd., 238)

Das architektonische Panopticon zielte darauf ab, dass die Insassen genau das taten, was von ihnen gefordert wurde und alles andere unterließen, Evaluierungen funktionieren nach dem gleichen Prinzip: Wenn man weiß, dass man beurteilt wird, tut man genau das, was gemessen wird und unterlässt alles, was vom Bewertungsraster abweicht. Allein das Wissen ständig der Beurteilung anderer ausgesetzt zu sein, wirkt konditionierend. Eine Führungskraft, die sich nicht selbst ins Out manövrieren möchte, wird ihr Verhalten daher schon prospektiv am Bewertungsraster ausrichten. Denn, so Bröckling, »*Wie auch immer die Antworten ausfallen, die Fragen stehen fest.*« (ebd., 240)

Evaluierungen belohnen konformes Verhalten und führen letztlich zu allgemeiner Konformität. Sie präfigurieren den Blick auf sich und die anderen und sind blind für alles, was außerhalb des Analyserasters liegt: für alles Neue, Andere, Nicht-Konforme und Kreative. Die in den Management-Diskursen so vielbeschworene Kreativität wird durch Feedback-Schleifen paradoxerweise gerade nicht gefördert, denn wer gegen den Evaluierungs-Strom schwimmt und dem Anforderungskatalog nicht genügt, muss damit rechnen, aussortiert zu werden. Die Evaluierung schafft demnach genau die Wirklichkeit, die sie vorgibt zu bewerten. (ebd., 241)

Das digitalisierte Panopticon: digitale Dauerüberwachung

Bentham zielte bei der Konstruktion des Panopticons darauf ab, dass wenige Personen Macht über möglichst viele Personen ausüben können und er wäre von den digitalen Überwachungsmöglichkeiten wahrscheinlich höchst entzückt gewesen.

Denn unter den Vorzeichen allumfassender Digitalisierung ist es wenigen möglich, die Vielen zu kontrollieren und der »gläserne« Mitarbeiter scheint in greifbare Nähe gerückt zu sein. *Big Brother is watching you on the job,* das digitale Panopticon ist ständig damit beschäftigt, Daten und Informationen zu personalisieren, zu speichern und die gesammelten Daten miteinander zu verknüpfen. Zur Dauerüberwachung ist heute keine kostspielige Architektur mehr nötig, weil jedes Individuum allein in seinem *digitalen Käfig* sitzt, individualisiert und ständig sichtbar. Ausgestattet mit portablem High-Tech-Gerät und digitalen Apps können Mitarbeiter überall kontrolliert werden: im Büro, im Außendienst, im Home-Office, im Warteraum des Flughafens oder im Hotel daneben. Auf digital gespeicherte Dokumente und Daten kann von nahezu jedem beliebigen Ort zugegriffen werden und Teamarbeit ist möglich, ohne dass sich das Team jemals *face-to-face* treffen muss.

Durch die Digitalisierung wird der Austausch in Echtzeit möglich und es findet eine *Verzeitlichung* der Information statt, ständige Erreichbarkeit und rasche Reaktion sind gefragt, da Informationen schnell veralten. Damit verbunden ist ein »Kampf um Sichtbarkeit«, denn ständige Präsenz auf den Kommunikationskanälen ist nötig, um im Job mithalten zu können. (Reckwitz 2018, 239ff)

Die Organisation der Gegenwart stellt somit ein digitales Panopticon dar, in welcher jeder Projektfortschritt kontinuierlich überwacht wird, durch eine App am Smartphone jeder Kundenkontakt evaluiert und jede Arbeit in Intranet-Systemen abgespeichert werden kann. Gleichzeitig ermöglicht die Digitalisierung größtmögliche Autonomie beim Arbeiten, womit sich das *Gefühl* der Freiheit erhöht (Han 2014, 55).

Die digitale Macht ist eine smarte Macht, sie schmiegt sich an, statt zu drohen, sie aktiviert, statt Zwang auszuüben (ebd. 27). Jeder gibt persönliche Daten preis und sitzt doch *allein in seinem Käfig*, wo er nicht nur allumfassender Sichtbarkeit ausgesetzt, sondern auch von den anderen Bewohnern des digitaler Panopticons isoliert ist, denn die Teilnehmer des Zoom-Meetings sind ebenso voneinander abgeschnitten, wie die Insassen des Benthamschen Panopticons.

Der *Generation Z*, den gegenwärtigen und zukünftigen Mitarbeiterinnen und Mitarbeitern der wissensbasierten Organisationen, erscheint die digitale Dauerüberwachung selbstverständlich, da sie damit aufgewachsen ist. Die *digital natives* haben einerseits hohe Ansprüche an ihre Arbeitsplätze und sind nicht mehr bereit, sich fremdbestimmen zu lassen, andererseits erkennen sie nicht, dass das Versprechen von Autonomie, das mit der Digitalisierung einher geht, falsch ist, und dass die Macht auch im digitalen Zeitalter nicht aufgehört hat zu existieren.

Zeit-Architekturen: the power of the deadline

Die Panopticon entfaltet seine Wirkung, indem es den Raum parzelliert und den Körper im Raum positioniert, um dadurch die Insassen ständig im Auge zu haben. Doch die Ordnung des Raumes reicht nicht aus, um das Verhalten der Insassen vollständig disziplinieren zu können, dazu ist eine weitere Technik der Macht nötig, nämlich die Ordnung der Zeit: ihre genaue Taktung und Sequenzierung in kleine Abschnitte, wie Stunden, Minuten und Sekunden.

Foucault zeigte auf, dass während des 19. Jahrhunderts die Reglementierung der Zeit immer strenger wurde. Bereits in der Schule begann die Macht mit der »Dressur des Verhaltens durch die vollständige Zeitplanung« (1977, 167): Um 8.56 hatten die Schüler einzutreten und zu beten, um 9 Uhr in die Bänke einzurücken, um 9.04 die erste Schiefertafel zu beschreiben, um 9.08 war das Diktat zu ende, um 9.12 hatten sie die zweite Schiefertafel zu beschreiben usw. (ebd., 193)

Es bedurfte demnach einer abstrakten und linearen Zeit, damit die Macht auf die Lebenszeit der Machtunterworfenen zugreifen und sie für ihre Zwecke nutzen konnte. Dabei ging es darum, aus der Zeit immer mehr »verfügbare Augenblicke und aus jedem Augenblick immer noch mehr nutzbare Kräfte herauszuholen« (ebd., 198), es ging »um die Herstellung einer vollständig nutzbaren Zeit.« (ebd., 193) Die genaue Zeittaktung wurde Anfang des 20. Jahrhunderts zum Kennzeichen des *scientific management* von Charles Taylor und der Fließbandproduktion von Henry Ford.

Macht durch penible Stundenpläne auszuüben, ist charakteristisch für klassische Disziplinarinstitutionen, wie der Schule, der Universität, dem Krankenhaus, dem Militär, der Fabrik und der bürokratischen Verwaltung. In den wissensintensiven Organisationen der *creative economy* verflüssigt sich die starre Ordnung des Stundenplans zunehmend und Zeitroutinen beginnen sich auf zu lösen.

Galt die minutiöse Zeitplanung bis weit ins 20. Jahrhundert als Garant für Produktivität und Effektivität, so erscheint diese in der Organisation der Gegenwart bremsend und anachronistisch. (Rosa 2005, 307) Statt der Einhaltung von Stundenplänen verlangt die Macht Flexibilität im Umgang mit Unvorhergesehenem und rasches Reagieren auf Unerwartetes. Die starren Stunden- Tages- und Jahrespläne wurden durch flexibles Zeitmanagement und größere zeitliche Autonomie bei der Umsetzung von Aufgaben ersetzt, da die Tätigkeiten an das schnelle Zirkulieren von Datenströmen angepasst werden müssen.

Der Soziologe Hartmut Rosa (2005) zeigt auf, dass mit der Verflüssigung traditioneller Zeitordnungen nicht nur mehr Instabilität, sondern auch eine Dynamik der *Beschleunigung* verbunden ist. Eine langfristige Planung ist aufgrund sich ständig verändernder Bedingungen nicht mehr möglich, gleichzeitig fallen immer mehr Tätigkeiten an, die sofort erledigt und in immer kleinere Zeiteinheiten gequetscht werden müssen, wodurch das Gefühl ständigen Zeitmangels entsteht. Auch in der verflüssigten Moderne geht es um die *Herstellung einer vollständig nutzbaren Zeit* und die Flexibilisierung der Zeitordnung dient dazu, *Macht über die Menschen mittels der so organisierten Zeit auszuüben.*

Nichthandlung sei verlorene Zeit, so der Tenor des Management-Diskurses. Remember that time is money – Zeit und Geld sind auch in der Spätmoderne konvertierbare Geldsorten, daher ist es verboten, Zeit zu verschwenden und geboten, die eigene Produktivität und Effizienz durch optimierten Zeiteinsatz zu steigern. Es gilt den Zeiteinsatz rentabel zu machen, um daraus Gewinn zu schlagen und aus *jedem Augenblick immer noch mehr nutzbare Kräfte heraus zu holen.* Wie das passiert, wird mittlerweile nicht mehr vorgegeben, sondern dem Einzelnen selbst überlassen.

Doch wer nicht rasch handelt, braucht oft gar nicht mehr zu handeln, denn der Markt ist ein »fluides Gewirr von Lücken und Nischen, die sich ebenso schnell auftun wie sie wieder verschwinden oder von der Konkurrenz geschlossen werden.« (Bröckling 2007, 72) Für das »unternehmerische Selbst« (Bröckling) wird in diesem dynamischen Gewusel selbst eine *komfortable* Zeitnutzung zu einem Sündenfall, denn sein Motto lautet: Raus der Komfortzone und hinein in das aktive und beschleunigte Tun. Wer im Kampf um Ressourcen, Aufträge und Projekte nicht mehr mithalten kann, der sei zu langsam und trage daher selbst die Schuld daran, so der Tenor.

Trotz größerer Autonomie im Umgang mit der Zeit nimmt daher das Gefühl zu, im Hamsterrad der fristgerechten Erledigung von Aufgaben gefangen zu sein. Dieses Gefühl sei, so Rosa, charakteristisch für das Zeiterleben in gegenwärtigen Organisationen, da keine Aufgabe ohne einen Abgabetermin, kein Vorhaben ohne eine Frist, kein Projekt ohne die Definition zeitlicher Meilensteine und einer Deadline auskomme. (Rosa 2005, 269)

Der Druck der Deadline hat demnach die traditionellen Stundenpläne ersetzt, die Überwachung von Arbeitsprozessen ist der Überwachung von Zeitvorgaben gewichen. Das Perfide an der Macht der Deadline ist, dass sie die Selbstbestimmung im Umgang mit der Zeit scheinbar erhöht, das Zeitkorsett gleichzeitig jedoch immer enger schnürt.

Unter dem Diktat der Deadline muss jede und jeder immer und überall erreichbar sein und die Arbeit ist niemals wirklich abgeschlossen. Um Kunden im Sinne des TQM zufrieden zu stellen, endet die Arbeit nicht um fünf, sondern dann, wenn die Aufgabe erledigt ist und der Urlaubsbeginn wird verschoben, damit das Projekt fertig gestellt werden kann. Auch Freundschaften, Beziehungen, Familie und das Bedürfnis nach Ruhe werden dem Zwang zur fristgerechten Erledigung untergeordnet. Um dem Zeitdruck standhalten zu können, wird der Körper mit Koffein vollgepumpt oder mit Aufputschmitteln medikalisiert. Nützt die Medikation nichts mehr, folgt der konstanten Überforderung der Zusammenbruch in Form eines Burnouts.[12]

Begriffe wie *work-life balance* und *quality time* suggerieren, dass der Umgang mit der Zeit eine Frage individuellen Zeitmanagements wäre. Fällt jedoch die traditionelle Zeitordnung des *nine to five* weg, beginnen die Grenzen zwischen dem Beruflichen und dem Privaten zu verschwimmen, die Organisation greift auf die Privatsphäre und damit auf die Lebenszeit ihrer Mitarbeiterinnen und Mitarbeiter über. Dass die Macht Zugriff auf das *ganze* Leben der Machtunterworfenen hat, stellt wiederum eine Rückkehr zu vormodernen Verhältnissen dar. (ebd., 270)

Doch die Lebenszeit ist eine begrenzte Ressource, die es zu schützen gilt. Der grenzüberschreitenden Strategie der Macht steht die *Generation Z*, also die gegenwärtigen und künftigen Mitarbeiterinnen und Mitarbeiter wissensbasierter Organisationen, kritisch gegenüber. Sie erkennt

---

12 Siehe dazu: Das Leiden an der Macht: Depression und Burnout, S. 75.

den Widerspruch zwischen dem Versprechen von Zeit-Autonomie und der Unterwerfung unter Zeitvorgaben und begreift Lebenszeit als eine Ressource, die nicht in Geld konvertiert werden kann. Daher ist eines klar: Der politische Kampf um die (Lebens-)Zeit wird auch künftig nicht enden.

Über die Freiheit des Subjekts

Benthams Vision, mit dem Panopticon die Insassen vollständig kontrollieren und regieren zu können, war getragen von der Vorstellung, Machtprozesse seien kausal und determinierbar und die Macht würde durch die Insassen wie durch ein Relais hindurchlaufen, ohne dabei auf nennenswerte Widerstände zu stoßen. (Mc Kinley/Starkey 1998, 2ff)

In der Praxis funktionierte die panoptische Macht jedoch nie so »ideal« wie Bentham dachte, schon beim Eisenbahnbau im 19. Jahrhundert zeigte sich, dass Arbeiter sich nicht an die Vorgaben hielten, sich bestechen ließen oder nicht zur Arbeit kamen, und dass die panoptische Macht gleich viele Probleme schuf, wie sie löste.

Denn machtunterworfene Individuen sind keine Relais, durch welche die Macht *top down* widerstandslos hindurch fließen kann. Sie entkommen, entgehen, untergraben die schönen Pläne der Macht, sie leisten Widerstand, sind subversiv und lenken die Macht um. Denn: Wo Macht ist, ist auch Widerstand und Macht kann nur über freie Subjekte ausgeübt werden, die immer über unterschiedliche Reaktionsmöglichkeiten verfügen.[13]

Demnach ist der Prozess des Machthandelns immer offen und seine Resultate sind unsicher. Machtprozesse sind nicht determinierbar. (Clegg 1998, 44)

Das ist die gute Nachricht für die machtunterworfenen Individuen: Sie haben immer Freiräume sich zu den Anforderungen der Macht so oder anders zu verhalten und ihre Widerstandsmöglichkeiten sind ebenso unerschöpflich und an die jeweilige Situation adaptierbar, wie es die Techniken der Macht sind.

Der Prozess des Machthandelns ist immer offen und seine Resultate sind unsicher. Machtprozesse sind nicht determinierbar.

Das ist die schlechte Nachricht für die Machthaber, welche die Hoffnung hegen, durch Motivierung, Aktivierung und Empowerment das Verhalten der machtunterworfenen Individuen sanft und doch zielgerichtet steuern zu können. Denn es gibt kein Wundermittel, durch welches sich Menschen problemlos steuern und regieren lassen. Machtprozesse sind dynamisch und reziprok, sie lassen sich weder durch Sanktion noch durch Motivation, weder durch autoritäre Anordnung noch durch kollektive Selbstorganisation unter Kontrolle bringen. (Bröckling 2017, 34)

---

[13] Siehe dazu: Michel Foucaults Gegenstimme: *Es gibt keinen machtfreien Raum*, S. 45.

Die Macht des Geschlechts: It’s a Man’s world

Ist die Macht »männlich«? Auf diese Frage antworteten die Studentinnen und Studenten in meinen Lehrveranstaltungen zu Macht und Organisation mit der schlichten Antwort: Ja. Denn in Machtpositionen sind auch heute noch vorwiegend Männer zu finden und auf der kulturellen Ebene wird das Phänomen der Macht mit Männlichkeit verbunden.

Frauen wurden in unserer patriarchalen Kultur, mit wenigen Ausnahmen, bis weit ins 20. Jahrhundert aufgrund ihres Geschlechts von der Teilhabe an der Macht ausgeschlossen. Doch andererseits konnten Frauen in den letzten Jahrzehnten in vielen Bereichen in Macht- und Führungspositionen aufsteigen und damit stellt sich die Frage: *Wie gehen Frauen mit der »männlichen« Macht um?* Gehen sie gleich damit um wie Männer oder aber völlig anders? Verändern Frauen damit die »männliche« Macht in eine »weibliche«?

Weibliches Empowerment als Kampf um die Macht

Seit der Antike wurden Machtpositionen fast ausschließlich von Männern eingenommen: Monarchen und Herrscher, Feldherren und Kardinäle, Religionsführer und Revolutionäre, Politiker und Unternehmensführer, Autoritätspersonen wie Ärzte, Richter und Lehrer waren Männer. Das Patriarchat kann als eine Herrschaftsstruktur definiert werden, in welcher eine kleine Elite von Männern die gesellschaftlichen Machtmonopole innehat und Macht nicht nur über Frauen, sondern auch über andere Männer ausübt. Bis in die 1970er Jahre war der Mann in westeuropäischen Ländern rechtlich noch das Oberhaupt der Familie. Erst die gesellschaftliche Transformation, welche durch die Counter Culture der 1968er-Bewegung ausgelöst wurde, führt zu einem neuen Selbstverständnis von Frauen und damit zu einem veränderten Verhältnis zur Macht.

In den 1970ern gingen Frauen auf die Straße und *kämpften* für die Befreiung aus Geschlechternormen, die sie als einengend empfanden, sie *kämpfen* für Freiheit und Emanzipation und damit für die Möglichkeit, selbst über ihr Leben und ihren Körper bestimmen zu können und sich nicht von männlich dominierten Machtinstanzen wie dem Staat und der Kirche bestimmen zu lassen. Frauen wie Alice Schwarzer *kämpften* dafür, dass ihre Stimme in einer von Männern dominierten Medienlandschaft wahrgenommen wurden. Frauen *kämpften* gegen eine patriarchale Moral, die von ihnen Sittsamkeit einforderte und Männern gleichzeitig große sexuelle Freiräume ließ. Sie kämpften für die Teilhabe an der Macht: an der politischen Macht, aber auch an gut dotierten Machtpositionen in Organisationen und Frauen kämpften auf unterschiedlichen Ebenen für eine Demokratisierung bestehender Machtverhältnisse. (Pechriggl 2018, 269f)

Die Kämpfe von Frauen waren geprägt von einem Verständnis von Macht als *power to*: Macht als Möglichkeit zur Selbst-Ermächtigung und zum Empowerment. *Power to* bezeichnet nicht nur die negative *Freiheit von* Herrschaft und Unterordnung, sondern auch die positive *Freiheit zur* Selbstbestimmung und zur Gestaltung des eigenen Lebens. (ebd., 268f; Sarasin 2009, 380)

Natürlich kämpften nicht *alle* Frauen, sondern nur ein kleiner Teil erhob laut die Stimme, denn »die Frauen« als homogene Gruppe gibt es nicht. Innerhalb der Frauen gibt es eine Vielfalt an Identitäten und gegensätzlichen Stimmen und auf sozialer Ebene sind die Unterschiede zwischen Frauen weitaus größer als ihre Gemeinsamkeiten. Um es an einem einfachen Beispiel darzustellen: Eine alleinstehende österreichische Milliardärin verbindet außer ihrem Geschlechts nichts mit einer rumänischen 24-Stunden-Pflegerin, die für drei Kinder zu sorgen hat. Und auf weltanschaulicher Ebene verbindet die Politikerin einer konservativen Rechtspartei ebenso wenig mit einer linken, lesbischen Klima-Aktivistin. Im Unterschied zu Klasse und Rasse ist das Geschlecht keine Kategorie, die verbindend wirkt, das zeigt sich ganz offensichtlich bei Themen, die unter Frauen höchst kontrovers diskutiert werden wie dem Recht auf Abtreibung.

Der Kampf von Frauen gegen bestehende männliche Machtmonopole und für einen Zugang zu den Zentren der Macht zeigte jedenfalls seine Wirkung, denn zwischen den 1970er Jahren und 1990er Jahren drangen vor allem Frauen der Mittelschicht vermehrt in Führungspositionen vor (Reckwitz 2018, 339). Gleichzeitig wurde klar, dass die Integration von Frauen in Machtpositionen auch an ihre Grenzen stieß, Stichwort »gläserne Decke« (Sauer 2012).

Während im öffentlichen Dienst heute in vielen Führungspositionen Frauen zu finden sind, werden in Wirtschaftsunternehmen die hoch und höchst dotierten Posten fast ausschließlich mit Männern besetzt. Dies geschieht nicht nur in männlich konnotierten Branchen, wie der IT-Branche oder der Baubranche und in technikfokussierten Unternehmen, sondern interessanterweise auch im öffentlichen Kulturbereich, der durch die ehrenamtliche Mitarbeit von Frauen geprägt ist. Dennoch werden die hochdotierten Leitungspositionen großer Museen und Theater auch heute noch überwiegend an Männer vergeben. Im Sport sind unter den Vereinspräsidenten nur vereinzelt Frauen zu finden, während rund die Hälfte aller Ehrenamtlichen in Sportvereinen aus Frauen besteht (Diketmüller 2009, 90).

Führen Frauen anders? Gleichheit, Differenz und Diversität

Im Kontext der zweiten Frauenbewegung der 1968er Jahre entstand eine feministische Forschung, in dessen Zentrum die Auseinandersetzung mit Macht und Herrschaft stand. Macht wurde zum zentralen Konzept unterschiedlicher Stränge feministischer Theorie. (Sauer 2012, 380)

Wie schon aufgezeigt wurde, ist das feministische Verständnis von Macht geprägt durch die Machtform des *power to*, welche der traditionellen Machtform des *power over* entgegen gehalten wird; die Vorstellung des Empowerments von Frauen ist eng mit der Demokratisierung von Macht und dem kollektiven Handeln verbunden. Hier eignete sich die feministische Theorie Hannah Arendts

Modell von Macht als *Vermögen, gemeinsam die Welt zu gestalten*, an. (ebd., 386)

Was die Frage nach dem Zugang von Frauen zur Macht und nach einem spezifisch weiblichen Führungsverhalten betrifft, gibt es unterschiedliche theoretische Stränge in der feministischer Theorie.

Gleichheitsansatz:

Ausgehend vom liberalen Ideal der Gleichheit forderten und fordern Frauen den gleichen Zugang zu Machtpositionen sowie die gleiche Bezahlung dafür. Die Gleichstellung von Männern und Frauen sollte primär durch Gesetze und rechtliche Maßnahmen durchgesetzt werden. (ebd., 384)

Der Gleichheitsansatz geht davon aus, dass Frauen in Führungspositionen die gleichen Fähigkeiten wie Männer hätten, dass sie ebenso durchsetzungsfähig, entschlossen und risikobereit wie diese seien und über den für Führungspositionen nötigen Kampfgeist verfügen würden.

Differenzansatz:

Der liberalen Forderung nach Gleichheit hält der Differenzansatz ein radikales Anders-Sein von Frauen entgegen. Frauen sollten daher nicht versuchen, sich an männliches Verhalten anzugleichen, vielmehr sollten sie sich ihrer spezifisch weiblichen Qualitäten, wie Fürsorglichkeit und Empathie, bewusst werden und diese Qualitäten sollten gleichzeitig eine gesellschaftliche Aufwertung erfahren.

Aus dem Differenzansatz wurden und werden zwei unterschiedliche Schlussfolgerungen gezogen, was die Teilhabe von Frauen an der Macht betrifft:

a. Die Macht wird als »männliche« grundsätzlich abgelehnt und die traditionelle Machtferne von Frauen wird positiv umgedeutet. Es sei gut, dass Frauen nicht durch Macht korrumpiert werden und frau sollte sich besser nicht an der Machtausübung beteiligen. (ebd., 386)

b. Frauen sollten sich nicht von der Macht fern halten, sondern im Gegenteil, ihre Differenz, also ihre anderen Sichtweisen und Erfahrungen, in Führungspositionen einbringen, denn dadurch ließe sich die Qualität von Entscheidungen deutlich verbessern. Frauen würden demokratischer, inklusiver, humaner, partizipativer, konsensorientierter, respektvoller und verständigungsorientierter führen. Aus der Sicht des Differenzansatzes fokussiert weibliches Führungsverhalten stärker auf die psychologischen und sozialen Elemente und weniger auf ein rationales Management. (Townley 1998, 191ff)

Der Differenzansatz geht davon aus, dass durch mehr Frauen in Führungspositionen Solidarität begründet werde, dass mehr weibliche Netzwerke entstünden und Frauen sich gegenseitig unterstützten, sei es im Alltagsbusiness oder beim Aufstieg in Führungspositionen.

Profiteurinnen:

Doch stellen Frauen wirklich das Andere der männlichen Macht dar? Lässt sich allein auf dem Geschlecht eine radikale Differenz im Führungsverhalten begründen? Durch die feministische Auseinandersetzung mit der Rolle von

Frauen im Nationalsozialismus wurde klar, dass Frauen stets in männliche Herrschaftsstrukturen verstrickt sind und männliche Herrschaftsideologien verinnerlicht haben. Vereinfacht gesagt, wäre es nicht möglich gewesen, jüdische Frauen serienmäßig zu töten, wenn nicht nationalsozialistischen Frauen das von Männern geführte nationalsozialistische Terrorregime gestützt und auch von diesem profitiert hätten.

Denn Frauen sind nicht nur Opfer, sondern auch Täterinnen, sie sind handlungsfähige Subjekte, die selbst Macht ausüben. (Sauer 2012, 387). Die Vorstellung, eine unbeschränkte Solidarität unter Frauen sei aufgrund ihres Geschlechts möglich, erweist sich aus dieser Sicht als illusionär.

Davon zeugt auch die #MeToo-Debatte und die damit verbundenen »Kulturen des Schweigens« in Organisationen. Frauen schützten hier die mächtigen Täter und solidarisierten sich eben nicht mit den weiblichen Opfern. Denn Frauen sind nicht nur verstrickt in bestehende Machtverhältnisse, sie haben auch die patriarchale Moral internalisiert, durch welche sexuelle Übergriffe verharmlost und Täter und Opfer relativiert werden.[14] (Pechriggl 2018, 233)

Diversität

Der Differenzansatz trat seit den 1990er Jahren zugunsten des Genderansatzes in den Hintergrund. Das Geschlecht wird hier als veränderbar begriffen und statt auf die Differenz zwischen den Geschlechtern zu fokussie-

[14] Siehe dazu: Blaubart und #MeToo, S. 150.

ren, zielt der Genderansatz darauf ab, die Gegensätze von weiblich und männlich zu dekonstruieren. Zentrale Führungsfähigkeiten werden nicht mehr mit stereotyp geschlechtsspezifischem Verhalten verknüpft, sondern als *geschlechtsneutral* angenommen.

Mit der Dekonstruktion der binären Geschlechteropposition verbunden ist die Forderung nach Diversität und Vielfalt in Machtpositionen. Nicht nur Frauen, sondern auch andere soziale Gruppen wurden und werden aufgrund ihrer Hautfarbe, ihrer Religion, ihrer Zugehörigkeit zu einer Minderheit, aufgrund körperlicher *disabilities* (Gebrechen), aufgrund ihrer Herkunftsmilieus oder aufgrund ihrer sexuellen Orientierung im Patriarchat diskriminiert und ausgegrenzt und sollten in die Sphären der Macht integriert werden. (Sauer 2012, 341)

***

Ob im Namen von Gleichheit, Differenz oder Diversität, feministisches Ziel ist es, die noch immer bestehenden Machtmonopole des »alten, weißen Mannes« *nieder zu reißen* (Pechriggl 2018, 246), wobei Nieder-Reißen dabei weniger metaphorisch als buchstäblich zu verstehen ist. Denn es stellt sich in diesem Zusammenhang die nicht unrelevante Frage: Warum sollte die männliche Elite in gutdotierten Führungspositionen auf ihre Macht und ihre damit verbundenen Privilegien verzichten? Was sollte sie dazu bewegen, ihre Machtmonopole *freiwillig* aufzugeben? Selbst dann, wenn man die damit verbunden Nutzenversprechen, wie höhere Wertschöpfung und Produktivität, miteinkalkuliert? Aus der Perspektive eines mächtigen und hoch bezahlten CEOs betrachtet, könnte man einwerfen: Was nützt mir eine noch so produktive Organisation, wenn ich dort nichts mehr zu sagen habe?

Die Geschichte der Frauenbewegung und des Feminismus hat gezeigt, dass es des Kampfes bedarf, um überhaupt an den Tellerrand der Macht vorzudringen. Doch in den letzten Jahrzehnten ist das Bewusstsein für die Notwendigkeit eines kollektiven Kampfes verschwunden und frau ruht sich auf dem bisher Erreichten aus. Wenn jedoch alles Soziale vom Kampf durchdrungen ist, dann gibt es keinen linearen Fortschritt, der irreversibel gegeben ist. Denn in einem Feld, das von Antagonismen durchsetzt ist – in den umkämpften gesellschaftlichen Terrains, können einmal erkämpfte Rechte auch wieder verloren werden.

Blaubart und #Me Too

Eines der brisantesten Themen in Bezug auf die Frage, was die Macht in Organisationen mit uns macht, ist das Thema des Machtmissbrauchs. So sehr das Augenmerk in Organisationen auf die Funktionalität und Produktivität von Macht gelegt wird, so stark wird das Thema Machtmissbrauch vertuscht und verleugnet. Darüber zu sprechen, wo und wie die *legitime* Macht, die mit einer Machtposition einhergeht, von der Machthaberin oder dem Machthaber missbraucht wird, stellt ein Tabu dar. Man spricht nicht über Macht in Organisationen und über Machtmissbrauch spricht man schon gar nicht.

Wo endet nun die legitime Machtausübung und wo beginnt der Machtmissbrauch? Am Beispiel der antiken, stark patriarchalen Gesellschaft beschreibt Foucault den Machtmissbrauch folgendermaßen: »Beim Missbrauch der Macht überschreitet man die legitime Ausübung seiner Macht und zwingt den anderen *seine Launen, seine Begierden, seine Gelüste* auf. Man stößt hier auf das Bild des *Tyrannen* oder *des mächtigen, reichen Mannes*, der von dieser Macht und diesem Reichtum profitiert, um die anderen zu missbrauchen, um ihnen eine ungebührliche Macht aufzuzwingen.« (Foucault 2005d, 283; Hv.WK)

Der Machtmissbrauch ist demnach darauf zurück zu führen, dass der Mächtige nicht fähig ist, seine Begierden zu kontrollieren, sondern im Gegenteil, Sklave seiner Gier und Lüsternheit ist. Als antike philosophische Binsenweisheit galt daher, dass *wer andere regieren will, sich zuerst selbst regieren muss.* Sokrates hielt den jungen Regenten Alkibiades zu mehr Selbstdisziplin an, als er ihn beim Gelage mit den Hetären, den antiken Prostituierten, antraf. Denn um andere zu führen, so Sokrates, bedürfe es der Souveränität über sich und der Fähigkeit, sich selbst zu führen. (Foucault 1993, 32f; 1995a, 106)

Im Gegensatz zu Alkibiades galt der römische Kaiser Marc Aurel (121-180 n Chr.) als Musterbeispiel eines guten Herrschers, da er seine Leidenschaften völlig unter Kontrolle hatte und ein tugendhaftes, asketisches Leben führte. Marc Aurel, der »Philosoph auf dem Kaiserthron«, galt als maßvoll im Umgang mit der Macht und war durch seine ethische Haltung vor den Gefahren des Machtmissbrauchs gefeit. In der Antike wurde die Tugend des Herrschers nicht als Privatsache betrachtet, sondern als unverzichtbarer Bestandteil der Kunst des Regierens; denn dadurch, dass der Herrscher ein moralisch tadelloses Leben führte, stellte er unter Beweis, dass er fähig war, sich *selbst im Umgang mit der Macht zu beschränken.* (Foucault 1995a, 108; 1995b, 120f)

Denn aufgrund seiner Machtfülle konnte der Herrscher nicht von außen zum sorgsamen Umgang mit der Macht verpflichtet werden, sein *ethos* beruhte auf freiwilliger Selbstverpflichtung. Die Selbstdisziplin im Umgang mit der Macht bezeugte aber nicht nur seine ethische Haltung, sie diente auch ganz pragmatisch dem Erhalt seiner Macht. Machiavelli, der kein Ethiker, sondern ein Stratege moderner Macht war, gab dem Fürsten den Rat, sich im Umgang mit der Macht zu *mäßigen* und »sich der Eingriffe in das Vermögen seiner Bürger und Untertanen und in ihre Weiber« zu enthalten, da dies ansonsten zu Revolte und Umsturz führe.[15] (Machiavelli 2018, 68)

Machtmissbrauch und Formen sexualisierter Gewalt

Worin kann der Machtmissbrauch in Organisationen heute bestehen? Die Formen der Überschreitung legitimer Machtbefugnisse sind vielfältig, sie beinhalten Korruption, Freunderlwirtschft und Bereicherung ebenso wie Diskriminierung, Demütigung, Schikane, Kränkung, Mobbing bis hin zur Anwendung von psychischer und physischer Gewalt. »Gewaltbeziehungen wirken auf Körper und Dinge ein. Sie *zwingen, beugen, brechen, zerstören*. Sie schneiden alle Möglichkeiten ab. Sie kennen als Gegenpol nur die Passivität, und wenn sie auf Widerstand stoßen, haben sie keine andere Wahl als den Versuch, ihn zu brechen«, so Foucault. (2005, 255b; Hv.WK)

Die Anwendung von psychischer und physischer Gewalt führt uns zum Machtmissbrauch in Form von sexualisierter Gewalt. Dieser Begriff dient dazu, sexualisierte Übergriffe von gewollten Beziehungen abzugrenzen und verweist auf den strukturellen Charakter von Gewalt gegen Frauen (Sauer 2012, 381). Sexualisierte Gewalt bezeichnet ein Kontinuum von psychischen und körperlichen Übergriffen, die von anzüglichen Bemerkungen, sexistischen Witzen, Diskriminierung aufgrund des Geschlechts, offener Abwertung von Frauen, unerwünsch-

---

[15] Siehe dazu: Machiavelli: Machthandeln ohne Moral, S. 91.

ten körperlichen Berührungen, Belästigungen, Deals wie Job gegen Sex, Formen psychischer Gewalt bis hin zur körperlichen Gewaltanwendung und zur Vergewaltigung reichen. (Hirigoyen 2017, 87).

Sexualisierte Gewalt hat demnach nichts mit Flirten, sexueller Freizügigkeit oder Liebesbeziehungen zu tun, Formen sexualisierter Gewalt *zwingen, beugen und zerstören* und versuchen mit unterschiedlichen Mitteln, den Widerstand der in den meisten Fällen weiblichen Machtunterworfenen zu brechen. Bei sexualisierter Gewalt geht es nicht um Intimität, sie stellt eine »pervertierte Form der Machtausübung« dar (Hirigoyen 2010, 193).

Der Begriff der sexualisierten Gewalt hat in den letzten Jahren die Wahrnehmung für die vielfältigen Formen, in denen Übergriffe auf Frauen möglich sind, sensibilisiert. Doch der weit gefasste Gewaltbegriff birgt auch einen Nachteil in sich, da der berühmte Grapscher auf den Po relativ undifferenziert mit einer Vergewaltigung in den begrifflichen Topf geworfen wird, wodurch der Begriff an Schlagkraft verliert. Wenn jede blöde Bemerkung – auch wenn diese in der Organisation als »normal« gilt, also strukturell verankert ist – eine Form sexualisierter Gewalt darstellt, nimmt die Luft nach oben hin ab, um mit dem gleichen Begriff brutale psychische und körperliche Übergriffe zu bezeichnen. Um den Begriff der sexualisierten Gewalt nicht der Gefahr der Verharmlosung auszusetzen, wäre es angebracht, stärker zwischen männlichem Machtmissbrauch – in Form von anzüglichen Blicken, abwertenden Bemerkungen, Diskriminierungen bei der Postenvergabe etc. – und sexualisierten oder sexuellen Übergriffen zu unterscheiden.

Wie in der Antike ist in der modernen Organisation die Gefahr des Machtmissbrauchs und von sexualisierten Übergriffen umso größer, je größer die Machtfülle des Machthabers ist, je weniger dieser einer sozialen oder institutionellen Kontrolle unterworfen ist, je stärker das Machtgefälle zwischen dem Machthaber und der machtunterworfenen Frau ist und je größer die Abhängigkeit der untergeordneten Frau vom mächtigen Mann ist. Dies ist dort der Fall, wo der Machthaber über eine derartig große Machtfülle verfügt, dass von seinen Entscheidungen das Wohl und Wehe, der Aufstieg und Exit, die Karriere oder das Karriere-Ende der machtunterworfenen Frau abhängt.

Stark asymmetrische Machtverhältnisse erleichtern es dem mächtigen Mann auf die machtunterworfene Frau über zu greifen und die Grenze zwischen dem beruflichen und dem privaten Bereich zu überschreiten. Währen der Beruf der Bereich der legitimen Machtausübung ist, bietet die Privatsphäre Schutz vor der Macht der Organisation, daher geht jede Überschreitung immer zu Lasten der machtunterworfenen Frau.

Gerade bei Formen sexualisierter Gewalt wird das berufliche Verhältnis der Über- und Unterordnung auf den intimen Bereich übertragen und die Frau wird auf ein Lustobjekt reduziert. Wie in der antiken patriarchalen Gesellschaft der Körper einer unverheirateten Frau, einer Sklavin oder eines Sklaven dem männlichen Hausherrn zum *Gebrauch* zur Verfügung stand (Foucault 1995a, 273), so wird bei sexualisierten Übergriffen in der Organisation die Frau zum Lustobjekt des mächtigen Mannes, welches er nach Belieben benutzen und durch ein anderes austauschen kann. (Hirigoyen 2020, 279).

Sexualisierte Gewalt passiert niemals im luftleeren Raum, sie ist immer eingebettet in spezifische Machtverhältnisse, die das Handeln des Täters zulassen. Mitwisserinnen und Mitwisser verschließen zumeist lange die Augen davor oder unterstützen das Opfer aus Angst vor Repressalien nicht. Denn einen mächtigen, reichen Mann zu beschuldigen, erfordert viel Mut und birgt das Risiko in sich als außenstehende Person selbst angegriffen und diffamiert zu werden. Denn im Regelfall verfügt der Mächtige über genügend Geld und Netzwerke, um seine Gegnerinnen und Gegner zum Schweigen zu bringen. Wer ihn angreift, muss mit einem Gegenangriff rechnen, was dazu führt, dass mächtige Täter lange Zeit nahezu unangreifbar sind.

Eine weitere vielversprechende Strategie um sich von Anschuldigen rein zu waschen, stellt aus der Perspektive des mächtigen Mannes die Täter-Opfer-Umkehr dar. *Blaming the victim* als Motto, der Täter macht das Opfer schlecht und stellt sich im Gegenzug selbst als Opfer dar. Ein Opfer bösartig zu diffamieren, fällt zumeist nicht schwer, da Machtverhältnisse immer komplex und das weibliche Opfer darin selbst verstrickt ist.

Denn selbst in stark asymmetrischen Machtverhältnissen verfügt eine Frau über Möglichkeiten, selbst Macht auszuüben. So kann sie beispielsweise den reichen, mächtigen Mann verführen, um aus einer sexuellen Beziehung mit ihm einen Vorteil zu ziehen. Doch selbst wenn sie dies tut, kann die Frau das asymmetrische Machtverhältnis nicht umkehren. (Foucault 2005d, 289) Der mächtige, reiche Mann, der sich verführen lässt, kann daher der Frau keine Schuld daran zuweisen, denn allein er ist fähig, seine Macht zu missbrauchen und allein er ist der Versuchung erlegen, die seine Machtposition mit sich brachte.

Weinstein und die Leichen im Keller mächtiger Männer

Der maßvolle Umgang mit seiner Macht war wohl auch dem amerikanischen Filmmogul Harvey Weinstein fremd, denn am 5.10. 2017 stand auf der Website der New York Times zu lesen, dass der alternde Filmproduzent seine immense Machtfülle in der Filmbranche jahrzehntelang (!) dazu missbraucht hatte, Schauspielerinnen sexuell zu belästigen, zu bedrängen und im schlimmsten Fall zu vergewaltigen. Als Produzent hatte Weinstein die Möglichkeit, die Karrieren von zumeist jungen Schauspielerinnen zu befördern oder ihnen ein rasches Ende zu bereiten. Die gesamte Filmbranche wusste von Weinsteins Praktiken, doch lange Zeit wagte es niemand, ihn öffentlich zu beschuldigen. Weinstein kann als der Prototyp des mächtigen, reichen Mannes betrachtet werden, der seine Macht missbraucht, weil er seine Begierden und Gelüste nicht kontrollieren kann, wofür er letztendlich von einem amerikanischen Gericht zu einer mehrjährigen Gefängnisstrafe verurteilt wurde.

Dass Weinstein kein Einzelfall war, wurde durch die #MeToo-Bewegung klar: Am 15.10. schlug eine Schauspielerin vor, sexuelle Übergriffe unter dem Hashtag #MeToo zu teilen. Bereits am nächsten Tag wurde #MeToo auf Twitter 200.000 Mal und auf Facebook 4,7

Millionen (!) Mal geteilt. #MeToo brachte ans Licht, dass Millionen von Frauen in Organisationen sexualisierten Übergriffen von Männern wie Weinstein ausgesetzt gewesen waren, und dass sexualisierte Gewalt in Organisationen strukturelle Dimensionen hatte. (Profil 2018, 94ff)

Durch den Fall Weinstein kam ans Licht, dass die Gefahr sexualisierter Übergriffe gerade in körperbezogenen Branchen wie der Filmbranche, dem Theater, dem Tanz oder dem Sport besonders hoch ist. Hier steht der weibliche Körper als Objekt im Zentrum und es ist leicht, buchstäblich auf ihn *zuzugreifen*, überdies verschwimmen in der lockeren und distanzlosen Atmosphäre dieser Branchen die Grenzen zwischen dem beruflichen und dem privaten Bereich. (ebd. 101f)

Wie bereits angeführt wurde, sind im Kulturbereich 78% der Machtpositionen mit zumeist älteren Männern besetzt, die als Intendanten oder Regisseure oftmals nahezu uneingeschränkt über das Engagement von Schauspielerinnen und Tänzerinnen entscheiden können. (ebd. 102) Im Sportbereich sind 95% der Spitzenpositionen und die meisten Trainerjobs mit Männern besetzt, von deren Goodwill oftmals die Karrieren junger Sportlerinnen abhängen (Diketmüller 2009, 85-98). Doch sexualisierte Übergriffe fanden nicht nur in der Kultur- oder Sportbranche statt, auch im EU-Parlament, das sich als Hort der Demokratie versteht, galt es als gängige Praxis, Frauen Arbeitsverträge gegen Sex aus zu stellen (Profil 2018, 98).

Das Märchen vom Blaubart: eine Machtanalyse

Nicht jeder reiche, mächtige Mann ist ein Harvey Weinstein und darf unter Generalverdacht gestellt werden. Wo endet nun aber ein Flirt und wo beginnt die sexuelle Gewalt? Wo gilt es Toleranz für das nicht unkomplizierte Miteinander der Geschlechter zu zeigen und wo liegen die Grenzen dieser Toleranz? Wo darf man nicht länger schweigen, sondern muss sich einmischen und dem Opfer beistehen?

Dies sind schwierige Fragen, an welche die Annäherung mit Hilfe eines Märchens versucht wird. Für Märchen gibt es keine richtige oder falsche Deutung, sie sind deutungsoffen und gerade das macht ihren Reiz aus:

Das Märchen vom Blaubart

Es war einmal ein Mann, der besaß schöne Häuser in Stadt und Land, goldenes und silbernes Tafelgeschirr, Möbel und Stickereien und vergoldete Kutschen. Aber unglücklicherweise hatte dieser Mann einen blauen Bart. Der machte ihn so hässlich und abschreckend, dass es keine Frau und kein Mädchen gab, die nicht vor ihm geflohen wäre. Eine seiner Nachbarinnen, eine Dame aus vornehmen Stande, hatte zwei wunderschöne Töchter. Der Blaubart erbat sich eine von ihnen zur Frau, beide aber wollten ihn nicht. Außerdem schreckte es sie ab, dass er schon mehrere Frauen geheiratet hatte, und dass niemand wusste, was aus diesen Frauen geworden war. Um sie kennen zu lernen, lud Blaubart die Schwestern ein, mit ihrer Mutter, ihren besten Freundinnen und jungen Leuten aus der Nachbarschaft in eines seiner Landhäuser zu kommen. Sie verbrachten dort acht Tage mit Spaziergängen, mit Jagd und Fischfang, mit Tanz und Festmahl, mit Scherz und Spiel. Danach war es soweit, dass die jüngere Tochter den Bart des Hausherrn nicht mehr so abschreckend blau fand und sobald sie in die Stadt zurückgekehrt waren, wurde die Hochzeit gefeiert.

Nach einem Monat sagte Blaubart zu seiner Frau, er müsse sechs Wochen verreisen. Sie könne in dieser Zeit ihre Freundinnen einladen, mit ihnen aufs Land fahren und ihnen das Beste aus Küche und Keller auftischen. »Hier sind die Schlüssel zu allen Kammern und Gemächern. Und hier ist noch ein kleiner Schlüssel zu dem Gemach am Ende des langen Ganges im Erdgeschoß. Ihr dürft überall hingehen, nur nicht in dieses Gemach. Ich verbiete Euch, es zu betreten und solltet ihr es dennoch tun, würde Euch mein fürchterlichster Zorn treffen« und er stieg in seine Kutsche und trat die Reise an.

Die Nachbarinnen und Freundinnen kamen, um den Reichtum des Hauses zu sehen. Sie liefen durch die Gemächer, Kammern und Kleiderzimmer, von denen eines schöner und prächtiger war als das andere. Beim Anblick all der Schätze priesen sie überschwenglich das Glück ihrer Freundin. Diese hatte jedoch keine Freude daran, sie war getrieben vor Neugier und wollte das kleine Gemach im Erdgeschoss öffnen. Mit großer Hast eilte sie eine kleine Geheimtreppe hinab, so dass sie sich fast den Hals gebrochen hätte. Vor der Tür angelangt, hielt sie einen Augenblick inne und dachte an das Verbot ihres Gemahls. Sie überlegte, dass sie ihr Ungehorsam unglücklich machen könnte, doch die Versuchung war zu groß und sie nahm den Schlüssel und öffnete zitternd die Tür zu dem Gemach.

Zuerst sah sie nichts, weil die Fensterläden geschlossen waren; nach einigen Augenblicken konnte sie erkennen, dass der Fußboden mit geronnenem Blut befleckt war. Und in diesem Blut spiegelten sich die Leiber mehrerer toter Frauen, die rings an den Wänden festgebunden waren. Es waren die Frauen, die Blaubart geheiratet und eine nach der anderen umgebracht hatte. Die junge Frau glaubte, vor Furcht sterben zu müssen, und der Schlüssel fiel ihr aus der Hand. Nachdem sie ein wenig zur Besinnung gekommen war, hob sie den Schlüssel auf, schloss die Tür wieder ab und stieg in ihr Zimmer hinauf, um sich zu fassen, aber es gelang ihr nicht, zu groß war die Erregung. Als sie bemerkte, dass der Schlüssel mit Blut befleckt war, wischte sie ihn ab. Doch das Blut ließ sich nicht abwischen, egal, was sie tat.

Noch am selben Abend kehrte Blaubart überraschenderweise von seiner Reise zurück. Am nächsten Tag verlangte er die Schlüssel zurück, auch den Schlüssel für die kleine Kammer. Die Frau zögerte so lange wie möglich, doch schließlich musste sie ihm den Schlüssel zurück geben. »Warum ist Blut an diesem Schlüssel?« rief Blaubart. »Ihr habt das kleine Gemach betreten! Nun, meine Liebe, Ihr sollt hineinkommen und Euren Platz haben neben den Damen, die Ihr dort gesehen habt!« Die Frau warf sich weinend dem Gemahl zu Füßen und zeigte wahre Reue, dass sie so ungehorsam gewesen war. Sie hätte einen Felsen erweicht, so schön und so verzweifelt wie sie war. Aber Blaubarts Herz war härter als ein Felsen. »Ihr müsst sterben und zwar sofort!« »So gebt mir noch Zeit, um zu Gott zu beten« antwortete sie tränenüberströmt. Blaubart willigte ein und die Frau lief in ihr Zimmer und rief ihre Schwester. »Meine liebe Schwester, steig auf den Turm. Unsere Brüder haben versprochen, heute zu kommen, gib ihnen ein Zeichen, dass sie sich beeilen.«

Doch die Brüder kamen und kamen nicht, während Blaubart mit dem Hirschfänger darauf wartete, seine Frau zu töten. In der Ferne sah die Schwester zwei Reiter auf das Schloss zukommen, es waren die Brüder und sie gab ihnen ein Zeichen, sich zu beeilen. Derweilen packte Blaubart die Frau mit einer Hand bei den Haaren, mit der anderen hob er den Hirschfänger, um ihr den Kopf abzuschlagen. In diesem Augenblick stürzten die zwei Brüder, ein Dragoner und ein Musketier, mit dem Degen in der Hand auf Blaubart zu. Er ergriff sofort die Flucht, um sich zu retten. Aber die Brüder verfolgten ihn, durchbohrten ihn mit ihren Degen und ließen ihn tot liegen. (Kast 2021, 14-21)

Ende gut und alles gut. Deuten wir nun das Märchen aus machtanalytischer Perspektive, indem wir die Handlung in verschiedene Phasen einteilen.

Phase 1: Die Verführung

Blaubart ist reich und mächtig und, wie wir erst später erfahren werden, ein zutiefst bösartiger Charakter, ein Serienmörder. Darauf weist schon die unnatürliche Farbe seines Bartes hin, zu Beginn können wir dieses Zeichen jedoch noch nicht deuten. Doch der blaue Bart macht Blaubart hässlich und abschreckend und lässt ahnen, dass etwas mit seinem Träger nicht stimmt. Mit dem blauen Bart ist eine Warnung verbunden ist, die uns sagt: Achtung! Vorsicht!

Daher schreckt der blaue Bart zunächst auch die jungen, hübschen Töchter der vornehmen Nachbarin ab. Abschreckend ist auch die Frage, was mit den vorherigen Frauen von Blaubart passiert ist. Ein dunkles Geheimnis umgibt Blaubart, das ist der Leserin und dem Leser schon zu Beginn des Märchens klar.

Doch Blaubart ist ein Verführer und ein Manipulator, er lässt nicht locker und umwirbt die jungen Frauen. Er wirf den Köder aus und zeigt ihnen seinen Landsitz, seine goldenen Kutschen und sein goldenes Besteck, er veranstaltet Tänze, Festmähler und Jagden und inszeniert seinen Reichtum in einer großen Show. Und einer der beiden jungen Fische beißt an seiner Angel an, die Verführung gelingt. Die jüngere der Schwestern lässt sich buchstäblich blenden vom Reichtum und vom gesellschaftlichen Status Blaubarts und findet den blauen Bart nun nicht mehr so abschreckend.

Phase 2: Das Netz der Macht

Mit der Hochzeit verändert sich die Machtbeziehung zwischen Blaubart und seiner jungen Frau: War er zuerst in der untergeordneten Rolle des Werbenden, so ist er nun in der Position des Mächtigen, der über seine junge Frau verfügen kann. Durch die Heirat wird die Frau Teil seines Machtnetzes, lebt in seinem Schloss, genießt die Privilegien, die ihr Blaubart bietet und partizipiert an seinem Reichtum.

Doch eines darf die junge Frau keinesfalls, nämlich die kleine Kammer am Ende des Ganges betreten, also den dunklen Geheimnissen Blaubarts auf die Spur kommen. Bevor er auf eine Reise geht, verbietet Blaubart es seiner Frau explizit, diese zu betreten und droht auch mit Sanktionen für den Fall, dass sie sein Verbot ignorieren sollte.

Doch die junge Frau wird angetrieben von ihrer Neugierde, die Wahrheit zu erfahren. Sie eilt zur kleinen Kammer, sperrt diese auf und sieht – vorerst nichts. Das Geheimnis von Blaubart liegt im Dunkeln, die Dunkelheit schützt das Geheimnis davor gesehen zu werden und steht in scharfem Kontrast zum Glanz der Reichtümer und der rauschenden Feste. Doch die Augen der jungen Frau gewöhnen sich langsam an die Dunkelheit, sie beginnt das wahrzunehmen, *was ist*. Sie blickt hinter den schönen Schein und sieht das Geheimnis, das Blaubart vor allen verborgen hält.

Die junge Frau sieht das geronnene Blut am Boden und die toten Körper der verschwundenen Frauen, die an den Wänden hängen. Das Blut am Boden zeugt vom Leiden und dem Schmerz der Frauen, die Blaubart tötete. Die Leichen der Frauen an der Wand bezeugen die Ohnmacht der Opfer – die Leichen haben keine Stimme, sie sind sprachlos, sie wurden zum Schweigen gebracht.

Die dunkle Kammer steht nicht nur für die Sprachlosigkeit der Opfer, sondern auch für das Schweigen, welches die bösen Taten umgibt. Die Nachbarschaft ist blind für diese, will die Dinge lieber im Dunkel belassen, als ihnen auf den Grund zu gehen und die Türe zur Kammer zu öffnen.

Phase 3. Die Lähmung

Nach ihrem grausigen Fund wird der jungen Frau klar: Wenn Blaubart davon erfährt, dass sie die Wahrheit entdeckt hat, ist sie die nächste Leiche an der Wand. Denn Blaubart kennt keine Gnade und es scheint, als hätte sein Bart das rote Blut der Toten aufgesogen und es in eine blaue Farbe verwandelt.

Wie Blaubart das Blaue im Bart nicht wegbekommt, so gelingt es der Frau nicht, das Blut vom Schlüssel abzuwischen. Die einmal erkannte Wahrheit lässt sich nicht mehr völlig verdrängen. Doch was macht die junge Frau aus ihrem Wissen? Wir Leserinnen hätten sofort das Weite gesucht und wären aus dem Schloss geflohen, um unser Leben zu retten. Doch genau das tut die Frau erstaunlicherweise nicht, sie bleibt. Sie ist wie gelähmt, sie verleugnet, was sie gesehen hat und möchte weiter machen wie zuvor. Die junge Frau hat nicht die Kraft, sich aus dem Netz der Macht zu befreien, in welches sie sich verstrickt hat.

Blaubart kommt überraschenderweise am gleichen Abend zurück, möglicherweise ging er gar nicht auf eine Reise, sondern unterzog seine Frau nur einem Test. Denn sofort erkennt er am Blut, das am Schlüssel klebt, dass sie Bescheid weiß. Mit diesem Wissen kann Blaubart die junge Frau nicht davon kommen lassen, er muss sich schützen und sie töten.

Zuerst bereut seine Frau, dass sie ungehorsam war, sie gibt sich die Schuld und nicht dem perversen Charakter Blaubarts. Es bleibt ihr nichts mehr übrig als um ihr Leben zu flehen, zu betteln und sich Blaubart vor die Füße zu werfen. Doch wir wissen: Blaubart ist herzlos, er hat kein Mitgefühl und keine Empathie. Und obwohl er seine junge Frau mit allen ihm zur Verfügung stehenden Mitteln umworben und ihr eine privilegierte Position geboten hat, hindert ihn jetzt nichts daran, ihr sofort mit dem Hirschfänger den Kopf abzuschlagen.

Phase 4: Die Rettung

Doch die junge Frau ist zum Glück nicht allein, sie hat mit ihrer Schwester eine Verbündete, die ihr zur Seite steht. So besinnt sie sich auf eine List und versucht Zeit zu schinden, da sie weiß, dass mit ihren Brüdern eine starke Gegenmacht auf dem Weg zum Schloss ist und nur diese sie noch retten kann.

Blaubart setzt gerade dazu an, seine Frau zu töten, da kommt es zum filmreifen Finale: Die beiden bewaffneten und kampferprobten Brüder dringen in allerletzter Minute in das Schloss ein und retten die junge Frau. Damit kehren sich die Machtverhältnisse um, Blaubart erkennt sofort, dass er den Brüdern unterlegen ist und versucht zu fliehen. Doch der Jäger wird zum Gejagten, die Brüder verfolgen Blaubart und durchbohren ihn mit ihren Degen.

***

Was können wir nun vom Märchen lernen?

Das Märchen erzählt vom Tabu, hinter die Fassade der Mächtigen und Reichen zu blicken und ihre Geheimnisse zu lüften, es zeigt auf, wie weit der schöne Schein und das reale Sein auseinander klaffen können. In der dualen Bildwelt des Märchens steht der äußere Glanz der

Reichtümer in stärkstem Kontrast zur Dunkelheit, welche *die Leichen im Keller* umgibt. Blaubart ist ein Blender und Manipulator und er setzt die Verführung als Machttechnik ebenso strategisch ein, wie er seine Taten vertuscht und versucht, seiner Frau durch Verbote Grenzen zu setzen.

Psychologisch gedeutet, ist es die Strategie des Täters, sein Opfer psychisch zu lähmen und es daran zu hindern, sich zu verteidigen. Das Opfer verliert angesichts der toxischen Macht des Täters seine Widerstandskraft und verleugnet die Tatsachen, anstatt die Flucht zu ergreifen. Es gelingt ihm nicht, sich selbst aus dem Netz der Macht zu befreien, in welches es sich psychisch verstrickt hat. Die Leichen im Keller symbolisieren in dieser Deutung die psychische Gewalt, die den anderen weiblichen Opfern vom Täter angetan wurde. (Hirigoyen 2017, 190-200)

Im Märchen kann die junge Frau sich nicht mehr selbst retten, sie überlebt nur durch die Hilfe ihrer Schwester und ihrer Brüder. Die Schwester steht für die Unterstützung und das Vertrauen, welches das Opfer braucht, um überleben zu können, die Brüder symbolisieren ein starke und aggressive Macht, der allein es gelingt, den übermächtigen Täter zu besiegen.

Das Märchen vom Blaubart zeigt, dass es zwischen Täter und Opfer nichts zu relativieren gibt, und dass jede Form der Relativierung in der Art »es gehören ja immer zwei dazu« den Täter stärkt und das Opfer schwächt. Hirigoyen weist darauf hin, dass systemische Zugänge nicht dazu geeignet seien, das Verhältnis von Täter und Opfer zu fassen und als solches zu benennen, da im systemischen Denken Bezeichnungen wie Täter und Opfer vermieden werden. Wenn Schuldfragen in den Hintergrund treten, schütze dies jedoch den überlegenen und manipulativen Täter. (Hirigoyen 2017, 223-227) Falsch verstandene Toleranz kann demnach für das Opfer die schlimmsten Folgen haben, daher ist es umso wichtiger, Position zu beziehen, dem Opfer Glauben zu schenken und ihm im Kampf gegen den übermächtigen Täter bei zu stehen.

Teil III – Denken jenseits des Diskurses

Denken als Prozess und Tätigkeit

Ziel dieses Essays ist es, eine »kritische Reflexion gegen die missbräuchlichen Techniken des Regierens« (Foucault 2005d, 297) zu bewirken. Der Essay wendet sich gegen die Verharmlosung und Tabuisierung von Macht in Organisationen und gegen die Verleugnung der destruktiven Dimensionen der Machtausübung und bestehender Machtverhältnisse. Ich möchte hier nochmals die Worte eines Studenten anzuführen, der seine Macht-Erfahrungen beim Grundwehrdienst kritisch reflektierte: »*Das Thema Macht in Organisationen ist so wichtig und wir machen uns so wenig Gedanken darüber.*« Es ginge darum, dass »man *wieder* denkt, damit man achtsam wird und sensibel für die Themen.«

Wir sollten also *wieder* damit beginnen zu denken, nur dadurch können wir unsere Wahrnehmung sensibilisieren und versuchen zu verstehen. Denn beim Nachdenken müssen *wir nichts entscheiden*, *wir müssen nur verstehen*. Doch gerade hier liegt das Problem, denn der Alltag in Organisationen ist geprägt vom Druck, Entscheidungen zu treffen, nicht das Denken, sondern das TUN stellt den Sinn und Zweck von Organisationen dar.

In Organisationen werden wir dazu angehalten, immer produktiver und effektiver, kreativer und innovativer zu werden und uns kontinuierlich selbst zu optimieren. Der Zwang zu leisten und zu funktionieren, nimmt uns gleichzeitig die Zeit zum Nachdenken und gerade darin liegt die perfide Technik der Macht: Nur weil wir *jetzt* funktionieren, *ohne darüber nachzudenken*, können wir auch *zukünftig* gut funktionieren.

Eine Studentin erklärte voll Stolz, sie sei produktiv und effektiv und habe deshalb keine Zeit für Reflexion. Würden wir uns die Zeit nehmen, um unsere ständige Geschäftigkeit kritisch zu hinterfragen, bliebe uns oft kein anderer Ausweg als der Exit aus der Organisation. Ein Managementberater drückte dies folgendermaßen aus: »Man kann den Mitarbeitern nicht die Wahrheit sagen, sonst kündigen sie sofort.« Demnach stellt ein kritisches Denken nicht nur *keine Anforderung* in Organisationen dar, sondern ist nicht erwünscht, da es der Macht gefährlich werden kann.

Vor- und rückwärtsgewandtes Denken

Denken wird in Organisationen als handlungsorientiertes, rationales und planendes Denken verstanden, ein Denken, das dem Tun vorausgeht oder es begleitet. Heute ist die klare Trennung von Planung und darauf folgender Umsetzung fragwürdig geworden, da Denk- und Handlungsprozesse in der Praxis ineinander übergehen und es zwischen beiden keine exakt zu ziehende Grenze gibt. Denken ist aus dieser Perspektive ein *planendes Denken im Handeln,* ein Abwägen von Argumenten für und gegen unterschiedliche Handlungsszenarien und Handlungsoptionen, ein Einbeziehen von Unabwägbarkeiten. (Pechriggl 2018, 63)

Das Denken ist in Organisationen daher unauflösbar mit dem Fokus auf die Zukunft verbunden, denn eine Handlung kann sich nicht in die Vergangenheit zurückwenden, sie ist eine Bewegung, die in die Zukunft hin ausholt. Aus der Perspektive der Zukunftsorientierung ist jeder Rückzug und jeder Stillstand problematisch, da eine günstige Gelegenheit – der *kairos* – für produktives Handeln ungenutzt verstreichen könnte. Oder Organisationen befinden sich in einem permanenten Krisen- und Notfallmodus, der scheinbar keinen Handlungsverzicht zulässt. Ständig »unter Strom« gelingt es Führungskräften dann buchstäblich nicht, still zu sitzen, da jeder Zustand der Geschäfts*losigkeit* aus ihrer Sicht ein potentielles Risiko darstellt.

Dieser permanenten Bewegung in die Zukunft steht das Nachdenken und der damit verbundene Verzicht auf das Tun diametral entgegen: Rück-schau statt Fort-schritt, die Reflexion stellt der *Zukunftsorientierung des Handelns* die *Rückwärtsbewegung des Nachdenkens* gegen über.

Beim *Nach*-denken geht es nicht darum, ein künftiges Ziel anzuvisieren, sondern darum, im Hier und Jetzt inne zu halten, um *zurück* zu blicken. Wollen wir nachdenken, müssen wir uns demnach bewusst dafür entscheiden, die Bewegung in die Zukunft auszusetzen und für einen bestimmen Zeitraum auf Geschäftigkeit und Aktivität zu verzichten. (ebd., 113f)

Nicht-Denken

Doch der Handlungsverzicht ist nicht nur deshalb undenkbar, weil er der Logik einer linearen Zukunftsorientierung in Organisationen diametral entgegen gesetzt ist, sondern auch deshalb, weil er von uns unbewusst abgewehrt wird. Denn wer innehält und zurück blickt, könnte leicht mit den sprichwörtlichen *Leichen im Keller* konfrontiert werden.

Erst wenn wir uns denkend zurück wenden, können wir erkennen, das und *was* wir falsch gemacht haben, wir können sehen, wo wir anderen Unrecht zugefügt oder zumindest nichts gegen bestehendes Unrecht unternommen haben. Zumeist möchten wir nicht zurück blicken, weil sich die negativen Folgen und Konsequenzen dessen, was geschehen ist, jetzt nicht mehr ändern oder ungeschehen machen lassen.

Dort, wo wir unliebsame Wahrheiten nicht wahrhaben oder uns nicht an sie erinnern wollen, sind psychische Prozesse der Verleugnung am Werk. Werden wir mit der Wahrheit von außen konfrontiert, rücken wir diese nachträglich für uns zurecht, indem wir sie beschönigen oder verharmlosen:

Wir hatten ja keine Wahl, wir konnten nichts dagegen unternehmen! Wir wussten von gar nichts, keiner wusste etwas! In meiner Situation hätte jeder andere auch so gehandelt! Oder: Es gab keine Alternative, absolut keine Alternative – die Konkurrenz, die Ausnahmesituation, der Markt, die Krise machten gerade diese Entscheidung unbedingt notwendig!

Pseudobegründungen dieser Art, sogenannte Rationalisierungen, dienen dazu, das, wofür wir uns schämen, nachträglich zu rechtfertigen. Der russische Romancier Fjodor Dostojewski beschrieb den massiven Widerstand gegen die Anerkennung unverzeihlicher Taten folgendermaßen: Ein Mörder kann das, was er getan hat, nicht bereuen, weil er *»es sich nicht leisten kann, der Wirklichkeit ins Gesicht zu sehen, aus welcher das eigene Verbre-*

chen nicht weg zu denken ist.« (Arendt 1999, 129 zit. nach Kristeva 2008, 240) Dadurch, dass der Mörder der Wirklichkeit nicht ins Gesicht sieht, schützt er sich vor seinem schlechten Gewissen. Denn Abgründiges oder schmerzhafte Wahrheiten anzuerkennen und damit zu *sehen, was ist,* ist aufgrund der psychischen Abwehr kein leichtes Unterfangen, sondern das Resultat eines zumeist schwierigen Prozesses der Anerkennung dessen, was man getan (oder auch unterlassen) hat. (Pechriggl 2018, 47f)

Doch nicht nur auf der psychologischen, auch auf der diskursiven Ebene finden wir eine »Logik der Verleugnung« (Lagasnerie), welche Management-Diskursen programmatisch eingeschrieben ist: So sollten Führungskräfte keine Scheu haben, Entscheidungen zu treffen und mit den Folgen derselben zu leben, sie sollten keine Ambivalenzen in Bezug auf Entscheidungen zulassen und diese danach nicht mehr hinterfragen (Townley 1998, 202).

Wer Entscheidungen mit der Einstellung trifft, retrospektiv keine Zweifel an der Richtigkeit derselben zuzulassen, ist blind für die Folgen seines Tuns und vermeidet wie Dostojewskis Mörder, sich mit Gefühlen der Schuld, der Scham oder mit Gewissensbissen auseinander setzen müssen. Prospektiv wird er vom Management-Diskurs bereits für seine Verleugnung exkulpiert.

Die kritische Reflexion des eigenen Umgangs mit der Macht stellt damit das Gegenteil des Nicht-Wahrhaben-Wollens der verborgenen Leichen im Keller dar, sie will diese ans Tageslicht holen, um sich dadurch *rück-sichtsvollere Formen des Machthandelns* zu erschließen. Denn durch die Reflexion entsteht eine neue *Beziehung* zu den Entscheidungen, Handlungen und Aktionen, die bereits vollzogenen wurden und nicht mehr rückgängig zu machen sind. (Pechriggl 2018, 88-92).

Das Vorstellungsvermögen

Hannah Arendt, die sich mit den Leichenbergen beschäftigte, welche das Nazi-Terrorregimes hinterließ, beschrieb die verändernde Wirkung des Nachdenkens folgendermaßen: »Das Denken an vergangene Angelegenheiten bedeutet für menschliche Wesen, sich in die Dimension der Tiefe zu begeben, Wurzeln zu schlagen oder sich selbst so zu stabilisieren, dass man nicht bei allem Möglichen – dem Zeitgeist, der Geschichte oder einfach der Versuchung – hinweggeschwemmt wird.« (Arendt 2006, 77 zit. nach Young-Bruehl 2015,)

Während der Fokus auf die Zukunft eine Sogwirkung hat und mit ihr eine destruktive Hyperaktivität einhergeht (Han 2021, 96), gibt die Beschäftigung mit der Vergangenheit jenen sicheren Halt, den Menschen brauchen, um nicht den Boden unter den Füßen zu verlieren oder den Versuchungen der Macht zu erliegen. Durch die Beschäftigung mit dem, was passiert ist, stabilisiert sich der Denkende selbst und immunisiert sich so gegen ein blindes Ausagieren von Machtbedürfnissen.

Das Nachdenken über bereits Geschehenes hängt ebenso wie das Vorausdenken an Zukünftiges eng mit der Vorstellungskraft zusammen. Der größte Feind des Denkens sei demnach die »*Unfähigkeit* [...] *vom Gesichtspunkt eines anderen aus sich irgend etwas vorzustellen*«, so Hannah Arendt (1999, 126 zit. nach Kristeva 2008, 237). Für Arendt reichte die Vorstellungskraft, die jeder

Mensch besitzt, aus, um sich in andere Menschen hineinversetzen zu können. Es bedarf demnach keines Berufsethik-Kodex, keiner Trainingsprogramme und keiner *Social-Responsibility*-Leitlinie, die oft das Papier nicht Wert ist, auf dem sie geschrieben steht, um wahrzunehmen und zu erkennen: Was ist richtig oder falsch? Was ist gut oder böse? Wo schade ich anderen? Wo kann ich noch mitmachen und wo muss ich aussteigen?

Damit wir uns vorstellen können, was mit dem anderen ist, müssen wir jedoch dazu bereit sein, die Wirklichkeit wahrzunehmen und darüber nach zu denken. Wir müssen die Situation be-urteilen und ein Urteil darüber fällen, was richtig oder falsch ist. Nicht zu urteilen, nicht hin zu sehen und zu verleugnen, dient uns nur dazu, dass wir unser Gewissen ausschalten, denn seit Sokrates beruht das Gewissen darauf, dass wir uns die Frage stellen: Kann ich mit mir selbst noch weiter leben, nachdem ich eine bestimmte Tat verübt habe? Kann ich mir danach noch in den Spiegel schauen?

Wollen wir nicht wie Dostojewskis Mörder enden, dürfen wir nichts tun, womit wir nicht leben können und dessen Erinnerung wir nicht ertragen und daher ausblenden müssen. Mit den Worten von Hannah Arendt: »Bestimmte Dinge kann ich nicht tun, weil ich danach nicht mehr in der Lage sein würde, mit mir selbst zusammen zu leben.« (Arendt 2006, 81 zit. nach Young-Bruehl 2015, XXIX) Ein gutes Gewissen habe demnach nichts mit Intelligenz oder Begabung zu tun, sondern sei einzig das Resultat von Nachdenklichkeit.

Die Schulung des Vorstellungsvermögens kann durch folgendes einfaches Gedankenexperiment angeregt werden[16]: Stellen Sie sich vor, Sie kommen in eine Organisation, wissen aber nicht in welche Position. Sie könnten in einer stressigen, aber gut abgesicherten und hoch dotierten Führungsposition landen, aber auch als Zeitarbeiter oder als unterbezahlter, prekär Angestellter. Bedenken Sie, dass die Wahrscheinlichkeit, dass Sie *unten* landen, wesentlich höher ist, als dass sie sich *oben* wiederfinden. In welche Art von Organisation möchten Sie hinein kommen? Wie möchten Sie dort behandelt werden? (Gabriel 2020, 76f).

Sie können dieses Gedankenexperiment beliebig variieren: Wenn Sie sich beispielsweise in der machtvollen Position des Kunden befinden, können Sie sich vorstellen, wie Sie als Mitarbeiterin oder Mitarbeiter behandelt werden möchten. Wenn Sie eine Professur an der Uni haben, können Sie sich vorstellen, wie Sie als Studentin oder als Teilzeitarbeitskraft behandelt werden möchten. Versuchen Sie dabei, sich möglichst genau in die Situation des anderen einzufühlen und gedanklich eine gewisse Zeit »in seinen Schuhen zu gehen«.

Dieses Gedankenexperiment soll dazu anleiten, dass wir unser Verhalten an der Maxime »*Was Du nicht willst, dass man Dir tut, das füg auch keinem andern zu*« orientieren. Wenn wir uns anderen Personen gegenüber in einer Organisation so verhalten, wie wir selbst behandelt werden möchten oder wie wir möchten, dass uns nahestehende Personen behandelt werden, dann schaden wir die-

---

16 Das Gedankenexperiment wurde vom amerikanischen Philosophen John Rawls entwickelt und wird hier an die Fragestellung adaptiert. (Gabriel 2020, 76f)

sen nicht und verschließen nicht die Augen davor, wenn diesen Unrecht geschieht. Wenn wir uns vorstellen können, der andere zu sein, dann gelingt es uns, unsere Interessen zugunsten des anderen zurück zu stellen und wir müssen diese nicht auf Teufel komm raus durchsetzen. (ebd., 312f)

Es reicht, diese Goldene Regel zu beachten, wenn man innerhalb komplexer Machtverhältnisse eine ethische Haltung einnehmen und sich ein reines Gewissen bewahren will, wie folgendes Beispiel zeigt:

Die Aufseherin:

1941 begann Hedwig Stocker in der Haftanstalt Krems als Oberwachtmeisterin zu arbeiten. Zu diesem Zeitpunkt plante das Nazi-Terrorregime in der Wannseekonferenz nahe Berlin gerade die industrielle Tötung aller Juden und Oppositionellen, den Holocaust. Die Aufgabe von Hedwig Stocker war es, im Gefängnis die sogenannten »Politischen« zu beaufsichtigen, also Frauen, die inhaftiert wurden, weil sie als Widerstandskämpferinnen politisch gegen das Nazi-Regime aktiv waren.

Es hat zuerst den Anschein als sei Stocker eine überzeugte Nationalsozialistin gewesen, die in der Haftanstalt ihren Dienst tat. Hier die Oberwachtmeisterin, dort die Gegnerinnen des Systems. Es wäre ein Leichtes für die Oberwachtmeisterin gewesen, ihre Macht narzisstisch auszuagieren und die Politischen zu schikanieren und zu demütigen. Viele der inhaftierten Frauen wurden von der Haft in ein Konzentrationslager überstellt und dort getötet, niemand hätte sie dafür bestraft. Doch es verhielt sich anders.

Wie aus Briefen und Dokumenten hervor geht, war Hedwig Stocker eine ungewöhnliche Aufseherin. Sie behandelte die Politischen ohne Notwendigkeit gut und wurde von den Politischen im Gegenzug dafür geschätzt. Darüber hinaus hatte Hedwig Stocker Zivilcourage, denn gegen Kriegsende versteckte sie eine Politische in ihrem Gartenhaus und rettete sie so vor dem sicheren Tod im KZ. Stocker blieb auch nach Kriegsende als Oberwachtmeisterin in der Haftanstalt tätig und arbeitete dort bis zu ihrer Pensionierung. Der Kontakt mit den inhaftierten Frauen riss auch nach deren Entlassung nicht ab und viele besuchten ihre ehemalige Aufseherin noch in der Pension zu Hause. (Streibel 2019)

In einem Kontext, in dem alle geltenden moralischen Normen zusammengebrochen waren und Unrecht zur Pflicht erhoben wurde, stellte die Aufseherin dem herrschenden Wahnsinn ihr ethisches Verhalten als freiwillige Selbstverpflichtung gegenüber. Dadurch war es ihr auch am Ende ihres Arbeitslebens möglich, sich selbst im Spiegel zu betrachten und der Wirklichkeit ins Gesicht zu sehen, ohne die Folgen ihres Handelns verleugnen oder ausblenden zu müssen. Eine ethische Haltung braucht keine höhere Bildung, sondern basiert auf einfachen Praktiken wie dem Nachdenken, dem Vorstellen, dem Wahrnehmen und dem Verstehen-Wollen.

Die Erfahrung als Ausgangspunkt

Der Mensch ist ein *Erfahrungstier* (Foucault) und unsere kritische Reflexion bewegt sich in unserem *Erfahrungsfeld* (Han 2021, 45). Wie die Geschichte der Aufseherin zeigt, sind es die Erfahrungen, die wir mit Macht machen, die uns in Organisationen prägen und formen. Unsere Erfahrungen verursachen Lust und Leiden an der Macht[17], sie sind mit Unlust und Scham verbunden oder werden verleugnet. Aus der Erfahrung lernen zu wollen, um *ein anderer zu werden* (Foucault), kennzeichnet eine geglückte Reflexion.

Unsere *Erfahrungen* mit der Macht können daher als Ausgangspunkt für die kritische Reflexion derselben dienen. Wir starten niemals bei null, wenn wir beginnen, uns zurück zu wenden und uns bewusst mit dem Thema Macht zu beschäftigen, sondern können auf vielfältige Erfahrungen und damit auf implizites Erfahrungswissen zurückgreifen. Wir haben alle schon Erfahrungen mit alltäglichen Machtkämpfen und dem Machiavellismus narzisstischer Führungskräfte gesammelt und im schlimmsten Fall auch mit Formen sexualisierter Gewalt.

Wenn wir uns bewusst mit unseren Erfahrungen auseinander setzen, wird das implizite, oft nur schemenhaft vorhandene Erfahrungswissen zu einem explizierten und verbalisierbaren Wissen. Durch die Reflexion verändern sich unsere Wahrnehmungen und wir blicken genauer hin

---

[17] Siehe dazu: Einführung: Lust und Leiden an der Macht, S. 75.

und werden sensibler und achtsamer im Umgang mit der Macht.

Sprache und Wahrnehmung

Wie bereits beschrieben wurde, sind die gängigen Management-Diskurse durchzogen von einer Logik der Verleugnung (Lagasnerie). Wir *erfahren* tagtäglich Leistungsdruck, *erfahren* ständige panoptische Evaluierung, *erfahren* Disziplinierung und Normierung und gleichzeitig werden diese Erfahrungen im und durch den Diskurs ausgeblendet und damit verleugnet. Dies führt dazu, dass sich eine *Kluft* zwischen dem, was wir erfahren und dem Diskurs, innerhalb dessen wir denken und sprechen, auftut.

Wer internalisiert hat, dass er die Gegenwart und die Zukunft als eine Serie von Herausforderungen und Problemen, die gelöst werden sollen, betrachtet, kann durch die semantische Hülle des Diskurses eigene Erfahrungen und Gefühle kaum mehr wahrnehmen.

Wie Foucault aufzeigte, ist der Diskurs dem Subjekt vorgängig und gleichzeitig durchzogen von Machtverhältnissen: Wer darf sprechen und worüber? Was wird ausgeschlossen und kann nicht als solches benannt werden? Was gilt als wahr, was gilt als falsch? Der Diskurs *stellt demnach die Wirklichkeit erst her, die er vorgibt zu repräsentieren* und gibt dem Individuum die Sicht auf die Dinge vor.

So führt der *Diskurs der schönen neuen machtfreien Welt der Organisation* dazu, dass Macht tabuisiert und Machtverhältnisse verschleiert werden, er gibt Denkmöglichkeiten vor und schließt das Denkunmögliche aus. Der

Diskurs beschränkt die Vielfalt sprachlicher Ausdrucksmöglichkeiten auf eine kleine Anzahl von Wörtern und Begriffen, so dass sich unser Denken innerhalb eines reduzierten Wortschatzes bewegt. Wörter wie »Lösungsfokus« oder »Chancen und Herausforderungen« haben keinen semantischen Gehalt, sie sind leer und inhaltslos und werden dennoch ständig wiederholt. Die Sprache des Diskurses scheint von der Wirklichkeit losgelöst zu sein und dient nicht mehr dazu, diese zu benennen, sondern nur noch dazu, diese zu verzerren. (Lagasnerie 2021, 17-20)

Betrachten wir den Diskurs wie ein Ethnologe von außen, so kommen wir nicht umhin, uns zu fragen: Wovon reden die bloß? Was hat das alles mit dem Alltag in einer Organisation zu tun? Wie kommen die Sprecher des Diskurses zu einem Denken und Sprechen, das durch eine einfache teilnehmende Beobachtung sofort widerlegt werden kann? (ebd., 19)[18]

Der Diskurs gibt demnach der Reflexion eigener Erfahrungen nicht nur keinen Raum, indem er die Ausdrucksmöglichkeiten der Sprecher reduziert, er schiebt sich auch *zwischen* unser Denken und unsere Wahrnehmungen: *Er verfälscht das, was wir meinen zu erleben.* Er erzeuge, so Lagasnerie, ein falsches Selbstverständnis, das die Betroffenen dazu verleiten würde, ihr Leben verfälscht zu erleben. (ebd., 38) Der Diskurs bewirke letztlich, dass

[18] Soziologische Methoden wie die teilnehmende Beobachtung umgehen den Diskurs, indem sie die Wirklichkeit unvoreingenommen beobachten und einen Blick »von außen« auf das Handlungsgeschehen werfen.

wir uns damit selbst belügen und unsere Wahrnehmungen und Erfahrungen auf inadäquate Weise benennen würden. Wenn ein vom Burnout bedrohter Außendienstmitarbeiter meint, seine Niedergeschlagenheit sei Teil der »Herausforderungen und Chancen« seines Jobs, dann hat dies ebenso wenig *mit der Wahrheit dessen, was er erfährt* zu tun, wie wenn eine Studentin die Universität als Verwirklichung des humanistischen Bildungsideals und nicht als Machtapparat wahrnimmt.

Daher ist es problematisch, das was Betroffene erzählen, unkritisch als authentische Erfahrungsberichte zu nehmen. Die Sprecherinnen und Sprecher des Diskurses drücken sich lediglich in der Sprache, welche ihnen der Diskurs vorgibt aus, doch diese Art der Beschreibung muss deshalb nicht »wahr« sein. Denn es bestehe, so Lagasnerie, eine Autonomie der *Erfahrung* gegenüber den Wörtern, die wir verwenden, um diese zu bezeichnen. Wollen wir unsere Erfahrungen adäquat bezeichnen, müssen wir die *Wahrheit* unserer Erfahrungen mit eigenen Worten benennen und einen passenden, sprachlichen Ausdruck für diese finden. Nur dann, wenn wir die Sprachschablonen des Diskurses als falsch erkennen, öffnet sich die Möglichkeit für eine kritische Reflexion. (ebd., 37ff)

Gedankenräume öffnen

Da das Denken eng mit der *Erfahrung* und *Leiblichkeit* verbunden ist, wird künstliche Intelligenz niemals so denken können, wie es Menschen – und andere Tiere – tun. Ein Computer macht keine Erfahrungen, er hat kein Herz und ist nicht von dem betroffen, was ihm passiert, er macht keine *sinnlichen* Erfahrungen wie es lebende Wesen tun und womit sich ihnen die Welt erschließt, denn ein Computer ist eine Maschine und keine leib-seelische Ganzheit. (Han 2021, 48ff) Denken ist daher mehr als sachorientiertes Problemlösen und auch mehr als die Vernetzung von Daten: »Es erhellt und lichtet die Welt. Es bringt eine ganz andere Welt hervor«, so Han (ebd., 51). Der Computer liefere Ergebnisse, doch das Denken sei ereignishaft – ein Ereignis ist etwas Singuläres, es passiert unerwartet und ist nicht voraussagbar. (ebd., 50)

Ein offenes, ereignishaftes Denken vermag daher keine exakten Resultate und Ergebnisse hervor zu bringen, es stellt nicht nur das Gegenteil der künstlichen Intelligenz, sondern auch das Gegenteil naturwissenschaftlicher oder evidenzbasierter Erkenntnisse dar.

Wie bereits aufgeführt wurde, hat Wissen, das auf Reflexion beruht, gegenwärtig an gesellschaftlicher Relevanz eingebüßt, denn der Glaube an die Quantifizierbarkeit von Phänomenen beherrscht das digitale Zeitalter (Han 2014, 80ff). Aufgrund dieser überzogenen gesellschaftlichen Hochachtung vor einem scheinbar objektiven, datenbasierten Wissen setzen auch die ehemals verstehenden Wissenschaften wie die Sprach-, Geistes- und Kulturwissenschaften zunehmend auf quantitative Methoden und Statistiken statt auf eigenständige Denkakte oder darauf, diese anzuregen. Hierbei wird nicht bedacht, dass datengetriebenes Wissen das kritische Denken letztlich verkümmern lässt (ebd., 95), und dass es vieles gibt, was sich nicht empirisch nachweisen lässt.

Wie können wir nun zu einer Sprache und zu einem Denken jenseits des Diskurses finden und uns dieses aneignen? Zu einem kritischen Denken, das offen ist und sich nicht in die Schubladen vorgefertigter Evaluierungskataloge stecken lässt?

Traditionellerweise stellen die Sphären der Kunst und der Literatur den Raum des offenen und kritischen Denkens und Sprechens dar. Wollen wir eine Vorstellung davon bekommen, was es bedeutet *anders* zu denken und sprechen, sollten wir uns daher an der Kunst und der Literatur orientieren. Wie die Philosophie bieten Kunst und Literatur keine Antworten, sondern stellen Fragen, denn *Fragen öffnen den Denkraum*: Wer ein gutes Buch liest, eine Ausstellung besucht, sich ein Theaterstück ansieht oder ein Musikstück anhört, dessen Denken wird angeregt, dessen Phantasie wird geweckt, Assoziationen werden ausgelöst und Bezüge zu eigenen Erfahrungen können hergestellt werden.

Im Gegensatz zum *solutionfocus-approach* sind Kunst und Literatur frei von ökonomischen Nützlichkeitsimperativen und stehen für eine Sphäre der Zweckfreiheit. Lesen wir, hören wir Musik, gehen wir ins Theater, besuchen wir ein Museum, setzt dies bei uns die Bereitschaft voraus, uns mit Fragen, auf die es keine einfachen Antworten gibt, intensiv auseinander zu setzen und dabei auch Position für oder gegen etwas beziehen. Denn Kunst und Literatur, deren Qualität diesen Namen auch verdient, sind nie werturteilsfrei, sie treten für oder gegen etwas ein, sie halten der Gesellschaft den Spiegel vor, zeigen auf, was die Mehrheit nicht sehen möchte und ausblendet, sie zeigen dorthin, wo diese wegschaut.

Doch gesellschaftskritische Kunst und Literatur sind nicht nur für ein eigenständiges Denken unverzichtbar, sondern auch für die Entwicklung einer ethischen Haltung. Gerade weil sie die Phantasie, das Vorstellungsvermögen und die Einbildungskraft stärken, fällt die Freiheit der Kunst autokratischen und totalitären Herrschaftsformen als erstes zum Opfer. Die Kulturschaffenden werden zensuriert oder zur Emigration gezwungen, um Kritik zu unterbinden und Menschen am eigenständigen Denken zu hindern. (Gabriel 2020, 78)

Der Gedankenstrom – eine Selbstbeobachtung

Wir denken ständig, auch wenn wir uns dessen selten bewusst sind: »Inmitten des unablässigen Vorstellungs- und Denkprozesses gibt es kein Ruhen, kein Innehalten, außer wir stoppen den *Gedankenfluss* per Entscheidung, einen Gedanken konzentriert und aufmerksam zu folgen und willentlich weiter zu führen«, so Pechriggl (2018, 79; Hv.WK). Wie ein Strom fließen die Gedanken ständig durch unseren Kopf, konfus und regellos, wir sind kontinuierlich einem tumultartigen, inneren Geplapper ausgesetzt und unsere Gedanken führen offenbar ein Eigenleben.

Jeder, der schon einmal versucht hat, sich auf seine Gedanken zu konzentrieren, um diese zu *sammeln,* merkt schnell, dass man nicht genau feststellen kann, woher sie *kommen* oder warum sie *auftauchen.* Denn: »Wir kommen nie zu Gedanken. Sie kommen zu uns.« (Heidegger) Plötzlich sind sie da, tauchen auf, aber ihr Kommen können wir nicht erzwingen und wir können sie auch nicht auf Knopfdruck abrufen, denn einige Gedanken kommen spontan, andere sind das Resultat disziplinierter Denkarbeit, manche kommen mit Verzögerung und manche, so kann man nur vermuten, tauchen wahrscheinlich nie auf. So wenig wir wissen woher die Gedanken kommen, so wenig begrüßen wir alle freudig. Manche drängen sich uns auf und kreisen zwanghaft um Nöte und Sorgen, dann stellen wir fest, dass wir ihnen relativ machtlos ausgeliefert sind, denn es scheint unmöglich, sie los zu lassen. (ebd., 99)

Bis heute konnte das wissenschaftliche Rätsel *wie* Gedanken entstehen nicht gelöst werden. Ungeachtet dessen, ist es interessant und Teil meditativer Praktiken, sich selbst dabei zu beobachten, wie sie aus dem inneren Denkraum *emergieren*, also aus den Tiefen der Neuronenmassen in das Bewusstsein dringen. Wollen wir mit Gedanken arbeiten und sie in eine Form bringen, werden wir mit ihren Eigensinn konfrontiert, denn sie bringen uns sehr schnell bei, dass es nicht ausreicht, am Schreibtisch zu sitzen, um damit auch nur einen von ihnen hinter dem Ofen (oder aus den Tiefen) hervorlocken zu können. (ebd., 81f)

Es reicht demnach nicht aus, denken zu *wollen*, das Denken ist kein Willensakt, sondern eine leibseelische Erfahrung. Wer Affekte wie Wut ausagiert oder körperliche Empfindungen wie Zahnschmerzen hat, der kann nicht mehr denken, dessen Konzentration ist gestört und dessen Gedanken verlieren sich im Nichts – *Denkzerfall* ist das Resultat. Wenn wir plötzlich eine schlechte Nachricht erhalten oder uns bedroht fühlen, gerät unser Denken in Aufruhr und verengt sich, besonders große Angst lässt keine frei flottierende Gedanken mehr zu und unser Denken löst sich im inneren Tumult förmlich auf. (ebd., 85)

Beobachten wir unsere Gedanken, so erkennen wir, wie mächtig sie sind, denn so sehr wir ihnen ausgeliefert sind, so sehr wirken sie auch auf uns zurück. Manche Gedanken lösen positive Gefühle aus und wir fühlen uns euphorisch, bei manchen verspannen wir uns sofort und spüren ihre Last im ganzen Körper. Manche Gedanken sind erst dann bereit aufzutauchen, wenn wir völlig entspannt sind – beim Frühstück, beim Gehen, unter der Dusche oder wenn wir Musik hören. Sie brauchen also eine bestimmte innere und äußere Atmosphäre, damit sie frei flottieren können und bereit sind, sich zu zeigen. Doch wenn sie dann plötzlich unverhofft in Form einer guten Idee auftauchen, wird uns klar, dass sie ständig arbeiten, sich formieren und verdichten, auch dann, wenn wir uns dessen nicht bewusst sind. *Es denkt sich* somit unablässig in mir, so Pechriggl, und zu sagen »ich denke« sei demnach eine Illusion, weil wir unseren Gedanken bestenfalls die Richtung vorgeben könnten. (ebd., 66)

Nehmen wir die innere Gedankenstimme bewusst wahr, so erkennen wir, dass Gedanken unterschiedlich stark verdichtet sind: Manche sind zart und fein, andere fest und beständig. Es gibt Gedanken, die treten ganz klar in Erscheinung, auf sie können wir zugreifen und sie sofort versprachlichen. Manch vorlauter Gedanke bricht oft unkontrolliert hervor, er will ausgesprochen werden, noch bevor er überhaupt gedacht wurde. Dann gibt es die zurückhaltenden und zögerlichen Gedanken, die noch keine klare Gestalt angenommen haben, der einzelne Gedanke »ist erst in Form einer Ahnung gegenwärtig, als ein Gedanke, der gedacht werden will.« (ebd., 65) Versuchen wir einen scheuen Gedanken zu fassen, kann er sich rasch unserem *Zugriff* entziehen und wieder ins Nirgendwo der Neuronenmassen diffundieren.

Um dies zu verhindern und zu *begreifen* – analog zum körperlichen Fassen und Angreifen –, ist es sinnvoll, den Gedanken schnellstmöglich nieder zu schreiben und ihn damit an die Materialität zu binden. Vor allem bei langen Gedanken*gängen*, wo sich ein Gedanke an den nächsten reiht, ist dies oft nötig, um nicht den Faden zu verlieren, durch den die unterschiedlichen Gedanken miteinander verbunden sind. Daher sind denken und schreiben als Tätigkeiten praktisch kaum voneinander zu trennen: Wenn wir schreiben, dann denken wir und vice versa denken wir auch schreibend (ebd., 65ff). Während der ausgesprochene Gedanke verhallt, ist die Schrift das Medium, durch welches wir unsere Gedanken der Vergänglichkeit entziehen können. Die Schrift hat die Funktion eines Behälters, in dem wir unsere Gedanken ablegen, um bei Bedarf wieder an sie anzuknüpfen und sie weiter ausführen zu können.

Das größte Problem beim Ineinander-Übergehen von denken und schreiben ist, dass unsere motorischen Fähigkeiten mit dem schnellen Gedankenfluss zumeist nicht mithalten können. Während wir dabei sind, einen Gedanken aufzuschreiben, stürzen andere Gedanken unablässig auf uns ein und ständig tauchen neue Gedanken auf, sie drängeln heran und fordern unsere Konzentration heraus. Hin- und hergerissen zwischen dem Verschriftlichen und dem Weiterdenken verliert sich manch Gedanke dann wieder »im Geraune der nächsten, andrängenden Gedanken.« (ebd., 69) Manch selbstbewusst als gute Idee daher kommender Gedanke erweist sich bei der Verschriftlichung als zu banal und man entscheidet sich, ihn doch nicht weiter zu verfolgen. Im Denk- und Schreibprozess kann es jedoch auch passieren, dass der Gedankenfluss plötzlich stockt und abebbt, dass die innere Gedankenstimme abbricht und Schweigen eintritt. Hört das Denken auf, muss auch das Schreiben zwangsweise beendet werden und es gilt zu warten, bis wieder neue Gedanken bereit sind zu kommen. (ebd., 68)

Die Kunst des Schreibens besteht demnach darin, wie man mit dem Haufen undisziplinierter und sich chaotisch gebärdender Gedanken oder eben dem akuten Mangel an Gedanken umgeht, wie man die wilde Gedankenhorde soweit zähmt, dass sie sich in eine schöne chronologische Ordnung bringen lässt und ihr gleichzeitig soviel Freiraum lässt, dass sie sich darin auch prächtig entfalten kann.

Von der Denktätigkeit zum Denkzerfall

Der Denkprozess ist immer mit Aufmerksamkeit, *awareness*, verbunden. Denken wir bewusst nach, so machen wir die Erfahrung, dass die für das Denken nötige Aufmerksamkeit Schwankungen unterliegt. (Pechriggl 2018, 80) Die Spannung, die für einen Gedankengang nötig ist, kann nicht immer gehalten werden, da wir durch innere und äußere Impulse abgelenkt werden. Wird die Aufmerksamkeit massiv gestört, löst sich das konzentrierte Denken im Denkzerfall auf. (ebd., 85)

Ich sitze gerade hier und möchte meine Gedanken in eine kohärent-argumentative Form bringen. Während ich fokussiert in die Tastatur tippe, nehme ich wahr, dass meine Hündin durch leises Maunzen versucht, meine Aufmerksamkeit auf sich zu ziehen. Ich möchte verhindern, dass mein Gedankenfaden reißt und versuche konzentriert zu bleiben, doch es gelingt mir nicht, die Ablenkung ist stärker. Schließlich gebe ich auf, ich kann die Konzentration nicht länger halten, mein Denken zerfällt. –

Wollen wir unsere Gedanken in eine kohärente Form bringen, dann müssen wir sie ordnen, manchmal direkt in eine stringente Ordnung *zwingen*. Je abstrakter der Gedankengang ist, desto schwieriger fällt dies, je bildhafter und je stärker an die Erfahrung gekoppelt, desto leichter fällt dies im Allgemeinen. Kohärentes Denken aus dem Gedankenstrom heraus zu entwickeln, die Entscheidung zu treffen, einen Gedanken statt eines anderen Gedankens weiter zu verfolgen und daraus längere Gedankengänge entstehen zu lassen, bedarf daher kontinuierlicher Übung.

Im Gegensatz zum Denken, das auf eine kohärente Argumentation abzielt, steht das assoziative Denken und Phantasieren. Hierbei geht es nicht darum, das Denken zu ordnen und zu regulieren, sondern es gezielt für Ideen, Einfälle, Gedankenbilder und Assoziationen zu öffnen. Das assoziative Denken kann durch Texte, Bilder oder Zitate angeregt werden, durch welche der Gedankenstrom zum Fließen gebracht wird. Früher las man Kindern Märchen vor, die bildhaft, mehrschichtig und vieldeutig sind, um damit ihre Vorstellungskraft anzuregen. Wird dem Denken eine zu stark logische Form gegeben, dann entgeht ihm die mit der Assoziation verbundene Offenheit und Vielschichtigkeit. Wird das Denken hingegen nur im Modus der freien Assoziation praktiziert, geht dies wiederum auf Kosten von Kohärenz und Argumentationsfähigkeit.

Wie aufgezeigt wurde, bedarf das intentional-bewusste Denken der Konzentration und schon kleine Ablenkungen können dazu führen, dass die Gedanken nicht mehr zusammen gefügt werden können und unser Denken zerfällt. Das Denken ist demnach immer auch vom Chaos des Denkzerfalls bedroht, der zum völligen Aussetzen des Denkens im Wahnsinn führen kann. Gerade kreative Geister scheinen vom Denkzerfall bedroht zu sein, wie berühmte Beispiele wie Vincent van Gogh, Friedrich Hölderlin und Friedrich Nietzsche zeigen, deren Denken sich im Wahnsinn auflöste.

Die Leiblichkeit des Denkens

Die Vernunft wurde ab dem 17. Jahrhundert nicht nur vom Wahnsinn, sondern auch als vom Körper getrennt gedacht. Der Aufklärungsphilosoph René Descartes (1596-1650) verglich den Körper mit einer Maschine, die vom Geist beherrscht wird und stellte den Geist über den Körper. Fortan wurde die Beziehung zwischen Geist und Körper als eine instrumentelle gedacht, in welcher der Körper dem Diktat des Geistes unterworfen ist. (Gugutzer 2004, 41)

Diese folgenreiche Trennung und die damit verbundene Konzeption eines sich selbst bewussten Subjekts wurde im 20. Jahrhundert zunehmend in Frage gestellt. Auch Dichotomien wie Vernunft/Wahnsinn, Kultur/Natur, Gesellschaft/Biologie wurden von aufklärungskritischen Denkerinnen und Denkern einer radikalen Kritik unterzogen; der Körper, die Sinne und die Gefühle als das Andere der Vernunft erfuhren gleichzeitig eine Aufwertung. Denn wir nehmen die Welt keineswegs nur vernünftig, rational oder geistig wahr, sondern primär sinnlich und mit all unseren Sinnen: Wir hören, sehen, riechen, spüren, fühlen, tasten und alle diese Modalitäten unserer Wahrnehmung sind in unserem Leib verankert.

Friedrich Nietzsche postulierte bereits Ende des 19. Jahrhunderts ein »Denken am Leitfaden des Leibes« und hielt dieses der Leibverachtung des Christentums entgegen. (Gugutzer 2012, 10) »Nur die ergangenen Gedanken haben Wert«, so Nietzsche, der Zeit seines Lebens von unzähligen Krankheiten gezeichnet war. Dennoch lautete sein berühmtes Credo: »So wenig wie möglich sitzen, keinem Gedanken Glauben schenken, der nicht im Freien geboren ist und bei freier Bewegung, in dem nicht die Muskeln ein Fest feiern.«

Nietzsche war bewusst, dass sich jede leiblich-sinnliche Erfahrung auch seelisch-geistig auswirkt, denn schon das gewöhnliche Gehen erfordert es, in den Körper hinein zu spüren. Dieser engen Verschränkung von körperlicher Bewegung und Selbstwahrnehmung trägt der Begriff des Leibes Rechnung, welcher den cartesianischen Dualismus von Geist und Körper überwindet, denn der Leib ist das, was in der Selbstwahrnehmung gegeben ist. Wir *haben* einen Körper, aber wir *sind* unser Leib, wir spüren und fühlen Freude, Nervosität, den schnell schlagenden Puls, den Kloß im Hals am eigenen Leib; auch Säuglinge, Demente und Tiere spüren und fühlen sich und haben leibliche Selbstwahrnehmungen. (Gugutzer 2004, 155;

2012, 29-43)[19] Das *embodiment* – die Leiblichkeit – stellt demnach die Basis unserer Wahrnehmungen dar. [20]

Unser Denken ist demnach nie auf unseren »Kopf« beschränkt, wie es die Bezeichnung Kopfarbeit fälschlicherweise nahe legt, sondern unsere Sinne und unser Leib sind immer am Denkprozess beteiligt – wir spüren, hören, fühlen *während* wir denken und unterschiedliche Bereiche des Körpers werden *durch das Denken* aktiviert. Das *Denken* ist *als Tätigkeit* im Leib verankert und stellt selbst eine *leibliche Erfahrung* dar. Wenn wir denkend schreiben, bewegen sich unsere Finger, wodurch neuronale Verbindungen aktiviert werden, auch die Darmtätigkeit, die eng mit dem Zentralnervensystem verbunden ist, verändert sich. Sprechen wir unsere Gedanken aus, so sind daran auch die Stimme, die Zunge und das Ohr beteiligt. (Pechriggl 2018, 66ff)

---

[19] Der Phänomenologe Schmitz definiert Subjektivität daher *als affektives Betroffensein*. (Gugutzer 2012, 38)

[20] Dieses Konzept wurde in den 1990er Jahren in die Kulturwissenschaften eingeführt: *embodiment* als »existential ground of culture und self« (Gugutzer 2004, 185)

Zur Praxis des Denkens in der Antike

Kommen wir zurück zur Frage: Wie kann man *anders* denken als man denkt? Wie kann man *anders* wahrnehmen? Wie kann man zu einer *anderen* Sprache finden? Dafür gibt es kein Patentrezept, doch bereits in der Antike waren sich die Vertreter unterschiedlicher philosophischen Schulen darin einig, dass kritisches Denken das Resultat beständiger Übung sei.

Die Übung – askesis

In der antiken Philosophie verstand man unter *askesen* Übungen, mit welchen sich das Subjekt, innerhalb und doch bis einem gewissen Grad unabhängig von äußeren Zwängen, selbst verändern und formen konnte. Die *askesen* waren Teil der philosophischen Lebensform und der damit verbundenen Praktiken der Selbstsorge, darunter verstanden wurden sowohl seelische Praktiken wie Meditationen, körperliche Praktiken wie Gymnastik oder Gesundheitspraktiken wie Diät. Denn praktische Übungen wurden als unerlässlich angesehen, um eine Änderung im Denken und Verhalten zu bewirken. (Foucault 1995b, 96f)

Wie können wir uns nun das Denken als *Übungspraxis* vorstellen? Eine Übung bestand darin, sinnliche Vorstellungen zu kontrollieren: Man sollte sich seinen Gedanken gegenüber wie eine Polizeistreife verhalten, welche den

Eingang in die Seele überwacht und nicht allen Vorstellungen Einlass gewährt. Eine andere Übung bestand in der täglichen Prüfung des Gewissens: Am Morgen sollte man sich auf die Aufgaben des Tages vorbereiten und am Abend auf den Tag zurück blicken, um zu erkennen, ob man den eigenen Vorgaben genügt hätte. Mit der Übung des Denkens eng verbunden waren Praktiken wie das Schreiben und das Lesen, auf welche noch eingegangen wird. (ebd., 80ff)

Durch die Übung des Denkens sollten nicht nur neue Denk*gewohnheiten* etabliert, sondern auch eine ethische Haltung, *ein schönes ethos*, geformt werden. Jeder, der schon den Versuch unternahm, eine unliebsame Gewohnheit abzulegen weiß, dass dies ein anstrengendes Unterfangen ist. Denn Routine und Gewohnheit stellen buchstäblich eine Macht dar – die »Macht der Gewohnheit« – und jede Veränderung derselben ist mit großem Kraftaufwand verbunden.

Das zeigt sich auf geistiger wie auf körperlicher Ebene: Wollen wir aus unseren eingerosteten Bewegungsroutinen ausbrechen, so müssen wir zuerst mühsam neue Bewegungsmuster erlernen und diese mit gezieltem Training ständig wiederholen und damit internalisieren. Analog verhält es sich mit den Routinen des Denkens: Wollen wir alte Denk- und Sprechgewohnheiten durch neue ersetzen, um *anders* zu denken und *anders* zu sprechen, so müssen wir die Fertigkeit des kritischen Denkens erlernen und uns beständig in dieses einüben, um es zu automatisieren. Das kritische Denken wird damit zu einem Andenken gegen die Abstumpfung, die mit der Wiederholung der immer gleichen Denk- und Sprechmuster verbunden ist.

Doch für ein kritisches Denken bedarf es nicht nur der Übung, sondern auch eines bewussten Umgangs mit Raum und Zeit.

Der Rückzug

In der Antike war die Übung des Denkens eng mit Innerlichkeit und dem Rückzug aus der Gesellschaft verbunden. Die griechisch-römischen Philosophen und später die frühen christlichen Eremiten zogen sich aus dem hektischen Geschäftsleben zurück, um im privaten Raum die Ruhe zur Reflexion zu finden – sei es auf einem mondänen Landsitz wie der römische Kaiser Marc Aurel oder in einer einsamen Höhle wie der christliche Eremit Antonius. (Foucault 2007a, 137f)

Denn man war sich bewusst, dass das Denken einen ruhigen Rückzugsort braucht, damit der Geist kontemplativ verweilen und in tiefer Betrachtung versinken kann (Han 2021, 97) und die *vita contemplativa* stellt bis heute das Gegenteil der *vita activa* dar. Noch 1929 meinte Virginia Woolf, dass *ein Zimmer für sich allein* (sowie ein ererbtes Vermögen), die Grundlage für weibliches Denken und Schreiben sei. (Woolf 1993, 3)

In der patriarchalen Antike stand die Intimität des Denkens in starkem Kontrast zum öffentlichen Leben, das unter dem Primat des gesprochenen Wortes stand. Die Rede war die wichtigste Technik der Macht und die männlichen Bürger der griechischen *polis* trafen sich auf der *agora*, dem öffentlichen Versammlungsplatz, fochten dort Kontroversen aus und versuchten das Publikum von ihren jeweiligen Standpunkten zu überzeugen.

Überträgt man den antiken Gegensatz von öffentlicher Debatte und Denken als Rückzug ins Private auf die Gegenwart, so funktioniert diese Zuordnung nicht mehr. Denn der Raum des Privaten ist heute kein stiller Rückzugsort mehr, sondern durchdrungen von digitaler Kommunikation und Information. Ein Rückzugsort ist ein Ort der Nicht-Erreichbarkeit und Nicht-Verfügbarkeit, aber kein *Home-Office*, das mit Handy, Tablet, Laptop und einem WLAN-Anschluss für Zoom-Meetings ausgestattet ist. Im Home-Office werden wir ständig von Neuigkeiten überflutet und die Möglichkeit zu kommunizieren, ist dem Zwang zur ständigen Erreichbarkeit gewichen.

In dem öffentlichen Raum des Digitalen finde das langsame, reflektierende Denken keinen Raum mehr, denn der Informations- und Kommunikationsmüll zerstöre die Stille, so Han (2021, 95). »Informationen rauben uns die Stille, indem sie sich uns aufdrängen und unsere Aufmerksamkeit beanspruchen. Die Stille ist ein Phänomen der Aufmerksamkeit. Allein eine tiefe Aufmerksamkeit erzeugt Stille und Informationen zerstückeln die Aufmerksamkeit.« (ebd., 96)

Wenn wir nachdenken, dürfen wir dabei nicht durch das ständige Piepsen des Handys, welches den Empfang neuer SMS-Nachrichten anzeigt, abgelenkt werden. Fehlt uns der stille Rückzugsort, wird dadurch unser Denkvermögen beeinträchtigt.

Das bedeutet im Gegenzug nicht, dass in der Stille kein Austausch mit anderen möglich wäre, im Gegenteil das Denken war auch in der Antike »keine Übung in völliger Einsamkeit« (Foucault 1995b, 70), es wurde mit Freunden und Vertrauten ein reger Austausch über die eigenen Gedanken geführt. Doch dieser Austausch bedarf einer Form, die der Intimität des Gedachten entspricht und sich nicht auf das Stakkato von Kurz-Nachrichten beschränkt.

Innehalten

Neben dem Raum nahm die Frage des richtigen Umgangs mit der Zeit eine besondere Rolle in der antiken Philosophie ein, denn Denken und Schreiben bedürfen nicht nur eines ruhigen Rückzugsortes, sondern auch der Muße und der Ruhe.

Doch gerade die Zeit werde, so Seneca (1-65 n.Chr.) oft gedankenlos vertan, den »einen hält unersättliche Habsucht in ihren Banden gefangen, den anderen eine mühevolle Geschäftigkeit, die an nutzlose Aufgaben verschwendet wird; der eine geht in den Freuden des Bacchus auf, der andere dämmert in trägem Stumpfsinn dahin; den einen plagt der Ehrgeiz, den anderen treibt der gewinnsuchende, rastlose Handelsgeist durch alle Länder, durch alle Meere.« (Seneca 2014, 7)

Daher wurden freie Zeiten zum Denken bewusst eingeplant: Die einen nahmen sich am Morgen oder am Abend dafür Zeit oder unterbrachen die Geschäftstätigkeit, um sich auf das Land zurück zu ziehen, also eine Form antiker *Time Outs* zu nehmen. (Foucault 1995b, 70) Die anderen »stiegen aus« und beendeten ihre Geschäfte, um sich völlig dem Denken zu widmen.

Seit Senecas Kritik an der Zeitverschwendung hat sich wenig geändert, denn überträgt man diese auf die Gegenwart, so erkennt man, dass zeitintensive Praktiken wie das Denken im Verschwinden begriffen und hektischen Aktivitäten gewichen sind. (Han 2021, 13) Doch damit der Strom der Gedanken frei fließen kann und nicht in vorgegebene Bahnen gepresst wird, sind dafür auch heute noch freie Zeiten, Auszeiten und damit Zeiten der Geschäftslosigkeit nötig.

Doch »time is money« und gerade Zeit ist in unserer Gesellschaft die zentrale Ressource, die möglichst intensiv genutzt werden muss.[21] Man denkt nicht *über etwas* nach, sondern man *denkt in* Zeitkalkülen, Kosten-Nutzen-Rechnungen, Tagsätzen und Stundenhonoraren. Das Denken muss *verwert-bar* sein, damit es *wert-voll* ist und es muss in vorgegebenen Zeiteinheiten zu angepeilten Ergebnissen führen. Diese einengenden Zeitkorsette werden dem freien Strom der Gedanken, der verlangsamt und nicht auf schnelle Resultate abzielt, nicht gerecht.

Zumeist fällt uns im Trubel beständiger Geschäftigkeit das Innehalten schwerer als permanente Aktivität. Denn mit dem Innehalten ist ein *Widerstand* gegen das Aktiv-Sein verbunden, gegen den Strudel, der uns in die Zukunft mitreißt, hin zu einem neuen Ziel, einem weiteren Erfolg und uns das Leben im Hier und Jetzt vergessen lässt (Pechriggl 2018, 92). Wir müssen daher das gezielte Lassen und den Verzicht auf unentwegten Aktionismus neu lernen und beständig einüben.

---

[21] Siehe dazu: Zeitarchitekturen: the power of the deadline, S. 133.

Die Handschrift

In der Antike stellten die *hypomnemata* die neueste technische Innovation dar, durchaus vergleichbar mit den heutigen Smartphones und Tablets. *hypomnemata* waren Notizbücher, in welchen man Zitate, Auszüge aus Büchern oder eigene Gedanken notierte, um diese erneut lesen zu können oder Gespräche darüber zu führen. Das Sammeln und Lesen von Notizen stelle, so die Annahme, eine Übung für den Geist dar und beruhige diesen. Rund um die *hypomnemata* bildete sich eine rege Briefkultur. (Foucault 2007a, 141f)

Die *hypomnemata* zeigen, wie eng das Denken seit der Antike mit dem Akt des Schreibens verbunden ist. Wie bereits ausgeführt wurde, zeigt sich die leibliche Verankerung des Denkens vor allem in der Verbindung von Kopf und Hand. Setze ich mich hin und schreibe etwas, geraten sofort meine Hände in Bewegung, Sprachlichkeit und Motorik sind eng miteinander verknüpft. (Pechriggl 2018, 67)

Während ich beim Tippen in die Tastatur nur meine Fingerspitzen bewege, fordert die handschriftliche Notiz meine Motorik wesentlich stärker heraus. Ich greife zum Bleistift, zum Tintenroller oder zur Füllfeder und notiere meine Gedanken ganz anachronistisch auf einem Blatt Papier. Wie komplex dieser scheinbar einfache motorische Prozess ist, zeigt sich bei Kindern, die das Schreiben gerade lernen und mühsam Buchstaben für Buchstaben auf das Papier malen. Die *Handschrift* muss erst internalisiert werden, das Schreiben muss *verkörpert* werden, damit die Bewegungen fließend und selbstverständlich ablaufen.

In der bürgerlich-romantischen Briefkultur des 19. Jahrhunderts wurde der kulturellen Praktik der Handschrift ein besonderer Wert beigemessen. Um die Schönschrift zu erlernen, wurde der Körper des Schülers vom »Zeigefinger bis zur Fußspitze« einer »*ganzen Gymnastik*« unterworfen: Der Schüler musste bequem sitzen, den Körper ein wenig nach links geneigt und sich gleichzeitig nach vorne beugen, das linke Bein wurde unter dem Tisch ausgestreckt und der rechte Arm stand vom Körper ab, denn diese Haltung gewährleistete eine optimale Schreibposition. Auch der Bauch durfte nicht am Schreibtisch anstoßen, um den Magen des Schülers nicht zu belasten. (Foucault 1977, 195)

Doch nicht nur die optimale Haltung zeichnete die Briefkultur aus, auch den Schreibunterlagen wurde große Bedeutung zugemessen: Briefe und Kärtchen aus teuerstem Papier und in zarten Pastellfarben wurden mit edlen Prägungen versehen und für die Empfängerin oder den Empfänger parfümiert. Dadurch wurde sowohl das Schreiben des Briefes als auch das Empfangen und Lesen des Briefes zu einem sinnlichen Akt; der Empfänger konnte die Haptik des Papieres fühlen, am Brief schnuppern und sich gleichzeitig an der Handschrift der geliebten Person erfreuen.

Ein so gestalteter Brief war mehr als nur eine Information, er wurde mit der Hand geschrieben und gelangte wiederum in die Hand der Leserin oder des Lesers, wodurch er eine besondere, intime Bedeutung bekam. Denn haptisch, also durch die *Hand*, stellen wir eine unmittelbare Beziehung zu den Dingen und deren Materialität her; wenn wir mit den Dingen *hantieren*, stabilisieren wir dadurch unser Leben (Han 2021, 7ff). Unser Denken unterhält daher eine enge Beziehung zum Notizbuch, den unterschiedlichen Stiften, den Büchern, dem Schreibtisch, dem Lesesessel, der Lampe und den anderen *Dingen*, mit denen wir es umgeben.

Im Unterschied zu diesen persönlichen Gegenständen seien das Smartphone, das Tablet und der Computer keine Dinge, sondern digitale Apparate, so Han (ebd.). Handy und Notebook sind austauschbare Gegenstände, die keine persönliche Bedeutung haben, denn kommt das iPhone 15 auf den Markt, entsorgen wir mit Freude das iPhone 11. Wir benützen diese Apparate, doch die Informationen, die wir auf ihnen speichern, sind nicht taktil, sie haben keine Haptik, sie sprechen uns weder sensorisch noch sinnlich an.

Wir können Chats nicht wie einen parfümierten Brief auf den Tisch legen oder sie liebevoll in den Händen halten und mit uns herumtragen, bis sie vergilben. Die digitale Kommunikation ist flüchtig und hat nur eine geringe Aktualitätsspanne, selbst das liebevollste SMS löschen wir irgendwann. Denn das Medium der Digitalität ist nicht die Hand, sondern das Auge: Das Auge begreift jedoch nicht, es distanziert und entsinnlicht, es vermittelt visuelle, aber keine sensorischen Eindrücke. Wir sollten daher auch in der visuellen Kultur des digitalen Zeitalters nicht auf das Schreiben mit der Hand und all die damit verbundenen *schönen Dinge* vergessen, denn Dinge sind die Ruhepole unseres Lebens und nur die schreibende Hand *begreift* buchstäblich und gibt damit dem Denken Halt.

Lektüren

In der antiken Philosophie waren denken, schreiben und lesen eng miteinander verbunden. Man solle lesen, aber auch schreiben, so Seneca. Lesen, sich über das Gelesene Gedanken machen und die Gedanken verschriftlichen, um die Notizen dann wieder zu lesen, stellten eine zusammenhängende Folge dar. Seneca betonte, dass *das Lesen unerlässlich sei, da man nicht alles aus sich selbst zu schöpfen vermag.* (1999 zit. nach Foucault 2007a, 142) Ebenso unerlässlich sei es, beim Lesen innezuhalten und sich Notizen zu machen, um so das Gelesene zu sammeln.

Die Lektüre ist auch heute noch unerlässlich für unser Denken und Schreiben, sie regt uns an, Fragen zu stellen, lässt es aber gleichzeitig zu, dass diese unbeantwortet bleiben; denn die Lektüre ist nicht konsumistisch und zielt nicht darauf ab, rasche Antworten zu geben, wie es die allseits beliebte Ratgeber- Literatur tut. (Han 2021, 97f)

Der Begriff Lektüre ist abgleitet von lateinisch *legere,* was auflesen, sammeln, auswählen bedeutet und damit auf den materiellen Charakter unseres Lese*stoffes* verweist. Lektüre bedeutet: einen *längeren* Text lesen – eine Twitter-Nachricht macht demnach noch keine Lektüre aus. Das Lesen eines längeren Textes lässt sich wiederum in eine *kursorische Lektüre* und eine *statarische* Lektüre unterscheiden. Die *kursorische* Lektüre bezeichnet ein schnelles Lesen, um sich damit einen raschen Überblick zu verschaffen. Kursorisch kommt von *cursorius* und bedeutet »zum Laufen gehörend«. Die *statarische* Lektüre ist im Gegensatz dazu eine verweilende, langsam fortschreitende

Lektüre, die durch Erläuterungen des Textes immer wieder unterbrochen wird. (Duden 1994)

Das trifft es sehr gut, denn längere Texte werden heute zumeist kursorisch, also *im Laufen* gelesen oder gar *überflogen*. Es reicht aus, die Überschriften zu kennen und sich querlesend einen groben Eindruck vom Text zu verschaffen. Die Form der langsam fortschreitenden statarischen Lektüre, die unterbrochen wird, um über das Gelesene nachzudenken und dadurch das Lesen verlangsamt, wirkt heute hingegen völlig anachronistisch.

Die langsame und damit *verlangsamende* Lektüre braucht Stille und Ruhe und ist der Gegenpol zur ständigen Kommunikation am Handy und in den *social media*. Wer langsam liest, hin- und wieder inne hält, um nachzudenken oder sich Notizen zum Gelesenen zu machen, nimmt sein Ego zurück und gibt dem Anderen des Textes Raum.

Denn ein guter Text *spricht zu uns*, er *sagt uns etwas*, wenn wir ihm *zuhören*.[22] Die andere Stimme des Textes bestätigt uns nicht, sondern ermöglicht es uns, eine kritische Distanz zu uns selbst einzunehmen und unsere Sicht der Dinge zu relativieren. Verzichten wir auf die Gegenwart des Anderen oder hören wir dessen Stimme nicht, bewegen wir uns in den immer gleichen Sprechblasen, mit denen wir uns nur selbst bestätigen und »autistisch, doktrinär und dogmatisch« werden (Han 2021, 42).

---

[22] Der Sprachphilosoph Jaques Derrida ging davon aus, dass der Text immer mehr, sagt als der Autor damit sagen wollte.

Das Lesen *öffnet* den Gedankenraum und wenn wir dem Text zuhören und hören, was er uns zu sagen hat, dann wirkt er auf uns ein und beeinflusst uns auf eine Weise, die für uns nicht vorhersehbar ist. Wir wissen nicht, wohin *die Lektüre uns führen wird*, wir *lassen uns führen* und unser »Aneignungswille als Wille zur Macht weicht zurück« (ebd., 98).

Die freie Rede – parrhesia

Mit dem kritischen Denken eng verbunden ist die freie und offene Rede. Wie sich das Denken gegen *Denkzwänge* wendet und diese überwindet (Pechriggl 2018, 99), so stellt sich die freie Rede gegen eine »Kultur des Schweigens« und gegen eine falsch verstandene Toleranz.

In der antiken Philosophie bezeichnete der Begriff *parrhesia*[23] die freie Rede und der Begriff *parrhesiastes* den Sprecher der freien Rede. *Parrhesia zu gebrauchen* bedeutete, aufrichtig zu sein und den Mut zu haben, den Mächtigen gegenüber die Wahrheit auszusprechen, ohne dabei etwas zu verschweigen. Das Englische bringt dies mit *speaking truth to power* schön auf den Punkt. Die *parrhesia* befreit das Sprechen aus den Fängen der Macht, wer die *parrhesia* gebraucht, spricht das aus, *was ist* – und nicht das, was andere hören möchten. Als außenstehender Beobachter kann der *parrhesiastes* das, was passiert besser erkennen, als es die Beteiligten tun, er gewinnt eine tiefere Einsicht, die es ihm ermöglicht, der Macht den Spie-

---

[23] Die Vorlesung zur *parrhesia* war eine der letzten, die Michel Foucault am Collège de France hielt, bevor er am 25. Juni 1984 verstarb.

gel vorzuhalten. Indem der *parrhesiastes* wahr spricht, überwindet er seine Angst vor der Zensur und der Sanktion. (Foucault 1996c, 9-19)

Daher stellte die *parrhesia* in der Antike das Gegenteil der Rhetorik dar, denn die Rhetorik war eine Technik der Macht und diente dazu, Menschen zu manipulieren oder mit rhetorischen Kunstgriffen zu überzeugen. Im Gegensatz zur Rhetorik schloss die *parrhesia* jedoch Manipulation, Schmeichelei und Selbstzensur aus. Sie wurde dazu eingesetzt, um den Herrscher mit einer unliebsamen Wahrheit zu konfrontieren, um dem Tyrannen zu sagen, dass er Unrecht getan hatte oder um öffentlich gegen die Meinung der Mehrheit aufzutreten. Der *parrhesiastes* war kein neutraler, vermeintlich objektiver Experte, er bezog Stellung, polemisierte, kritisierte, war parteiisch, womit die *parrhesia* die Tradition des kritischen Denkens und Sprechens begründete. (ebd., 178; Sarasin 2009, 367)

Als berühmtes Beispiel für die *parrhesiastische* Rede gilt die Begegnung des Philosophen Diogenes mit Alexander dem Großen. Diogenes führte ein asketisches Leben und verzichtete auf jeden Luxus, er saß in seiner Tonne, die gleichzeitig seine Wohnung war, auf der Straße, als der König vor ihn hintrat und ihn begrüßte. Nun wäre es für Diogenes angebracht gewesen, aufzustehen und Alexander eine Ehrerbietung zu erweisen, die eines Königs würdig war. Doch statt dessen blickte Diogenes Alexander zornig an und forderte ihn auf, ihm aus der Sonne zu gehen, da die Sonne schließlich für alle da sei. Alexander war nahe daran auf diese Provokation mit dem schlichten Befehl »Kopf ab!« zu reagieren, doch er bändigte seine

Wut und lies sich auf ein Gespräch mit Sokrates ein, weil er von diesem die Wahrheit über sich erfahren wollte. (Foucault 1996c, 129-139)

Diese kleine Szene zeigt, wie riskant es für den Philosophen war, die *parrhesia* zu gebrauchen. Die moralische Qualität des *parrhesiastes* zeigte sich jedoch gerade darin, dass er den Mut aufbrachte, dem Mächtigen gegenüber die Wahrheit auszusprechen, *obwohl er sich bewusst war*, dass er dafür getötet werden konnte. Diogenes hätte dem Kaiser schmeicheln können, doch er scheute sich nicht, ihn heraus zu fordern, um ihn damit zur Reflexion anzuregen.

Die *parrhesia* stellte nicht nur eine Mutprobe für den *parrhesiastes* dar, sondern auch eine Prüfung für den Herrscher, denn daran wie der Herrscher mit Kritik umging, zeigte sich sein wahrer Charakter. Der Tyrann bestrafte den *parrhesiastes* – schickte ihn ins Exil, steckte ihn in den Kerker oder ließ ihn töten –, der gute Herrscher hingegen akzeptierte die *parrhesiastische* Kritik und lernte daraus; der richtige Umgang mit der Wahrheit unterschied demnach den guten Herrscher vom Tyrannen. Da der *parrhesiastes* im Machtverhältnis immer unten und niemals oben stand, konnte der Herrscher selbst keine *parrhesia* gebrauchen, er konnte nur die Kritik, die an ihm geübt wurde, akzeptieren.

Denken ins Unbegangene

Wie diese Beispiele aus der antiken Philosophie zeigen, sind nachdenken, schreiben, lesen, meditieren, erinnern, sein Gewissen prüfen keineswegs Teil einer *l'art pour l'art* – Lebensform weltfremder Intellektueller, sondern Teil einer ethischen Haltung, die dazu dient, *den Raum der Macht gut zu verwalten.* Nur durch beständige Übung in kritischer (Selbst-)Reflexion und der Anerkennung *parrhesiastischer* Kritik kann dem Machtmissbrauch entgegen gewirkt werden.

Spannen wir nun am Ende des Essays den Bogen nochmals zurück zum Anfang und damit zum Diskurs der schönen neuen machtfreien Welt der Organisation. Dieser ist durchzogen von einer Rhetorik des neuen Denkens und neuen Handelns. Neu zu denken bedeutet hier, die Betrachtungsweise auf ein Geschehen zu ändern, dabei jedoch innerhalb der vorgegebenen Bahnen des Diskurses zu bleiben. Der Diskurs ist dabei für das Denken wie eine Autobahn, die es in vorgegebene Bahnen lenkt: Die Autobahn ermöglich es dem Autofahrer, schnell und sicher sein Ziel zu erreichen, allerdings darf er dabei nicht von der Straße abweichen.

Anders zu denken im Sinne Foucaults bedeutet hingegen, aus dem Diskurs auszusteigen und *jenseits* des Diskurses zu denken. Aus dem Vorangegangenen sollte hervor gegangen sein, dass anderes Denken und Sprechen Resultat einer kontinuierlichen *Arbeit am Selbst* (Foucault) ist und nichts, was rasch vermittelt werden könnte.

Dem kritischen Denken können lediglich Anregungen und Denkimpulse gegeben werden, was hiermit versucht wurde.

Denn wer eigene Gedanken*gänge* verfolgen will, muss die ausgetretenen Bahnen des Diskurses verlassen, um denkend ins *Unbegangene zu gehen* (Han 2021, 51). Er muss die Wanderschuhe anziehen und beginnen, ihm noch unbekannte Gedankenräume zu durch streifen. Er muss erkunden und explorieren, was sich hinter dem nächsten Hügel verbirgt, muss sich von kleinen Wegen durch den Wald führen lassen, muss bei Aussichtspunkten und Lichtungen inne halten, um dadurch den eigenen Horizont zu erweitern. Wer so geht, braucht keine Wanderkarte, die ihm den Weg weist, er braucht keinen Gipfel als Ziel und muss auch keine Nordwand durchsteigen.

Foucault meinte, es sei die *Neugierde*, die es gestatten würde, sich von sich selbst zu lösen (1995a, 15). Die Neugierde ist zum Weiterdenken und Weiterschauen unentbehrlich und das Gehen ins Unbegangene ist nicht nur eine Metapher, sondern auch eine Analogie, denn die Bewegung des Denkens im Gedankenraum hat große Ähnlichkeit mit der körperlichen Bewegung in der freien Natur.

Das Denken stellt wie das Gehen eine Praxis dar, durch welche wir auf uns selbst einwirken, um uns zu formen und zu verändern – eine Technik der Selbstsorge. Selbsttechniken sind »das nicht wegzudenkende Gegenüber« der Techniken der Macht (Foucault), denn durch diese setzen wir der Macht eine im weitesten Sinn *politische* Praxis der Selbstermächtigung entgegen. Doch Selbsttechniken bedürfen der Anstrengung und kontinuierlicher

Übung: Will man eine Veränderung des Verhaltens bewirken, nützt einmaliges Denken ebenso wenig wie einmaliges Gehen. Denken als Praxis führt somit zu keiner blitzartigen Erkenntnis, sondern ist ein offener Prozess der Exploration von bisher nicht Gedachtem.

Ich beende diesen Essay wenig überraschend mit Michel Foucault, der als Basisstation in meinem Gedankenraum diente, von welchem aus ich verschiedene Gegenden erkundete, um jedoch immer wieder zum Ausgangspunkt zurück zu kehren. Foucault ruft uns nicht nur zur Kritik an der Macht, sondern auch zum *Werden als Lebensweise* auf (Butler 2003, 65). Veränderung geht dabei von der Erfahrung aus und ihr liegt das Experiment zugrunde, dessen Ausgang offen ist (Sarasin 2009, 365). Auch wenn unsere Freiheit begrenzt ist, haben wir Spielräume und bei allem was wir tun, sind wir oft viel freier, als wir meinen:

»Ich habe mir vorgenommen, [...] den Menschen zu zeigen, dass sie weit freier sind, als sie meinen [...]. Etwas in den *Köpfen der Menschen zu verändern – das ist die Aufgabe des Intellektuellen.* [...] Alle meine Untersuchungen richten sich gegen den Gedanken universeller Notwendigkeiten im menschlichen Dasein. Sie helfen entdecken, wie willkürlich Institutionen sind, welche Freiheiten wir immer noch haben und wie viel Wandel immer noch möglich ist.« (Foucault 1993, 16, Hv.WK)

Literatur

Acton, John Emerich (1955): Essay on Freedom and Power. Hg. Von Gertrude Himmelfarb, New York (zit. nach Anter 2017).

Agamben, Giorgio (2016): Homo sacer. Die souveräne Macht und das nackte Leben. Frankfurt am Main: edition suhrkamp, 11. Auflage.

Alkemeyer, Thomas (2009): Aufrecht und biegsam. Eine politische Geschichte des Körperkults. In: Sport Studies hrsg. von Matthias Marschik, Rudolf Müller, Otto Penz, Georg Spitaler. Wien: facultas wuv UTB, S.47-60.

Anter, Andreas (2017): Theorien der Macht zur Einführung. Hamburg: Junius, 3. Auflage.

Arendt, Hannah (1999): Eichmann in Jerusalem. Ein Bericht von der Banalität des Bösen. München, Zürich, 9. Auflage (zit. nach Kristeva 2008).

– (2006): Über das Böse. München (zit. nach Young-Bruehl 2015)

– (2015): Macht und Gewalt. München Berlin Zürich: piper tb, 25. Auflage.

– (2016a): Vita Activa oder Vom tätigen Leben. München Berlin Zürich: piper tb, 18. Auflage.

– (2016b): Denken ohne Geländer. Texte und Briefe. München Berlin Zürich: piper tb, 8. Auflage.

Becker, Michael (2012): Die Eigensinnigkeit des Politischen – Hannah Arendt und Jürgen Habermas über Macht und Herrschaft. In Macht und Herrschaft. Sozialwissenschaftliche Theorien und Konzeptionen, Lehrbuch. Hrsg. von Peter Imbusch. Wiesbaden: Springer VS, 2. Auflage, S.217-246.

Brodocz, Andre (2012): Mächtige Kommunikation – Zum Machtbegriff von Niklas Luhmann. Sozialwissenschaftliche Theorien und Konzeptionen, Lehrbuch. Hrsg. von Peter Imbusch. Wiesbaden: Springer VS, 2. Auflage, S.247-264.

Bröckling, Ulrich (2007): Das unternehmerische Selbst. Soziologie einer Subjektivierungsform. Frankfurt am Main: suhrkamp tb wissenschaft.

– (2017): Gute Hirten führen sanft. Über Menschenregierungskünste. Frankfurt am Main: suhrkamp tb wissenschaft.

Butler, Judith (2003): Noch einmal: Körper und Macht. Frankfurt am Main: suhrkamp tb wissenschaft. In: Michel Foucault. Zwischenbilanz einer Rezeption. Frankfurter Foucault-Konferenz 2001. Hrsg. von Axel Honneth und Martin Saar. Frankfurt am Main: suhrkamp tb wissenschaft, S.52-70.

Clegg, Steward (1998): Foucault, Power and Organizations. In: Foucault, Management and Organization Theory. Editet by Alan Mc Kinlay and Ken Starkey. London California New Delhi: SAGE Publications, S.29-48.

Deetz, Stanley (1998): Discursive Formation, Strategized Subordination and Selfsurveillance. In: Foucault, Management and Organization Theory. Editet by Alan Mc Kinlay and Ken Starkey. London California New Delhi: SAGE Publications, S.151-172.

Diketmüller, Rosa (2009): Macht und Genderdiskurse in Bewegungskulturen. In: Sport Studies hrsg. von Matthias Marschik, Rudolf Müller, Otto Penz, Georg Spitaler. Wien: facultas wuv UTB, S.85-98.

Duden. Das Große Fremdwörterbuch. Herkunft und Bedeutung der Fremdwörter. Mannheim Leipzig Wien Zürich: Dudenverlag, 1994.

Ehrenberg, Alain (2000): »Die Müdigkeit man selbst zu sein«, in: Carl Hegemann (Hg.), Endstation. Sehnsucht. Kapitalismus und Depression, Berlin: Alexander-Verlag, S.103-139 (zit. nach Rosa 2005).

– (2008): Das erschöpfte Selbst. Depression und Gesellschaft in der Gegenwart. Frankfurt am Main: suhrkamp tb wissenschaft.

Elias, Norbert (2019): Die höfische Gesellschaft. (1969) Frankfurt am Main: suhrkamp tb wissenschaft, 14. Auflage.

Follett, Mary Parker (2014): Constructive Conflict, in: Henry C. Metcalf, Lyndall Urwick (Hg.): Dynamic Administration. The Collected Papers of Mary Parker Follett. (1942) Evanston: New York, S. 1-22 (zit. nach Bröckling 2017).

Foucault, Michel (1977): Überwachen und Strafen. (1975) Die Geburt des Gefängnisses. Frankfurt am Main: suhrkamp tb wissenschaft.

– (1983): Der Wille zum Wissen. (1978) Sexualität und Wahrheit 1. Frankfurt am Main: suhrkamp tb wissenschaft.

– (1993): Technologien des Selbst. (Vortrag 1982) In: Technologien des Selbst. Hrsg. von Luther H. Martin, Huck Gutman und Patrick H. Hutton. Frankfurt am Main: S.Fischer, S. 24-62

– (1995a): Der Gebrauch der Lüste. (1984) Sexualität und Wahrheit 2. Frankfurt am Main: suhrkamp tb wissenschaft, 4. Auflage.

– (1995b): Die Sorge um sich. (1984) Sexualität und Wahrheit 3. Frankfurt am Main: suhrkamp tb wissenschaft, 8. Auflage.

– (1996a): Die Ordnung des Diskurses. (Vortrag 1970) Mit einem Essay von Ralf Konersmann. Frankfurt am Main: Fischer Wissenschaft tb, 11.-12.Tausend.

– (1996b): Der Mensch ist ein Erfahrungstier. (1978) Gespräch mit Ducio Trombadori. Frankfurt am Main: suhrkamp tb wissenschaft.

– (1996c): Diskurs und Wahrheit. Berkeley-Vorlesungen 1983. Berlin: Merve Verlag.

– (2000): Die »Gouvernementalität«. (Vortrag 1978) In: Gouvernementalität der Gegenwart. Studien zur Ökonomisierung des Sozialen. Hrsg. von Ulrich Bröckling, Susanne Krasmann und Thomas Lemke. Frankfurt am Main: suhrkamp tb wissenschaft, S.41-67.

– (2005a): »Omnes et singulatim«: zu einer Kritik der politischen Vernunft. (Vortrag 1979) In: Michel Foucault. Analytik der Macht. Hrsg. von Daniel Defert und Francois Ewald unter Mitarbeit von Jacques Lagrange. Frankfurt am Main, 2005: suhrkamp tb wissenschaft, S. 188-219.

– (2005b): Subjekt und Macht. (1982) In: Michel Foucault. Analytik der Macht. Hrsg. von Daniel Defert und Francois Ewald unter Mitarbeit von Jacques Lagrange. Frankfurt am Main: suhrkamp tb wissenschaft, S. 240-264.

– (2005c): Politik und Ethik: ein Interview. (1983) In: Michel Foucault. Analytik der Macht. Hrsg. von Daniel Defert und Francois Ewald unter Mitarbeit von Jacques Lagrange. Frankfurt am Main: suhrkamp tb wissenschaft, S. 264-272.

– (2005d): Die Ethik der Sorge um sich als Praxis der Freiheit. (Gespräch 1984) In: Michel Foucault. Analytik der Macht. Hrsg. von Daniel Defert und Francois Ewald unter Mitarbeit von Jacques Lagrange. Frankfurt am Main, 2005: suhrkamp tb wissenschaft, S. 274-300.

– (2007a): Über sich selbst schreiben. (1983) In: Michel Foucault. Ästhetik der Existenz. Schriften zur Lebenskunst. Hrsg. von Daniel Defert und Francois Ewald unter Mitarbeit von Jacques Lagrange. Frankfurt am Main: suhrkamp tb wissenschaft, S.137-154.

– (2007b): Zur Genealogie der Ethik: Ein Überblick über die laufende Arbeit. (Interview 1984) In: Michel Foucault. Ästhetik der Existenz. Schriften zur Lebenskunst. Hrsg. von Daniel Defert und Francois Ewald unter Mitarbeit von Jacques Lagrange. Frankfurt am Main: suhrkamp tb wissenschaft, S. 191-219.

Frankl, Viktor (1997): ...trotzdem Ja zum Leben sagen. Ein Psychologe erlebt das Konzentrationslager. (1946) München: dtv, 16. Auflage.

Gabriel, Markus (2020): Moralischer Fortschritt in dunklen Zeiten. Universale Werte für das 21. Jahrhundert. Berlin: Ullstein, 5. Auflage.

Goldblat, Karl Iro (2019): Als ich von Otto Mühl geheilt werden wollte. Klagenfurt: Ritterverlag. Mitschrift der Sendung in Radio Ö1 vom 4.1.2019.

Gugutzer, Robert (2004): Soziologie des Körpers. Bielefeld: transcript, 4. Auflage.

– (2012): Verkörperungen des Sozialen. Neophänomenologische Grundlagen und soziologische Analysen (KörperKulturen). Bielefeld: transcript.

Haller, Reinhard (2013): Die Narzissmusfalle. Anleitung zur Menschen- und Selbstkenntnis. Salzburg: ecowin.

Han, Byung-Chul (2005): Was ist Macht? Ditzingen: Reclam.

– (2014): Psychopolitik. Neoliberalismus und die neuen Machttechniken. Frankfurt am Main: Fischer.

– (2017): Transparenzgesellschaft. Berlin: Matthes & Seitz, 5. Auflage.

– (2021): Undinge. Umbrüche der Lebenswelt. Berlin: Ullstein.

– (2021a): Infokratie. Berlin: Matthes & Seitz.

Hirigoyen, Marie-France (2020): Die toxische Macht der Narzissten und wie wir uns dagegen wehren. München: C.H. Beck.

– (2017): Die Masken der Niedertracht. Seelische Gewalt im Alltag und wie man sich dagegen wehren kann. München: dtv, 18. Auflage.

Honneth, Axel (2003): Foucault und die Humanwissenschaften. Zwischenbilanz einer Rezeption. In: Michel Foucault. Zwischenbilanz einer Rezeption. Frankfurter Foucault-Konferenz 2001. Hrsg. von Axel Honneth und Martin Saar. Frankfurt am Main: suhrkamp tb wissenschaft, S.15-27.

Illich, Ivan (2021): Die Nemesis der Medizin. Die Kritik der Medikalisierung des Lebens. München: C.H. Beck Paperback, 6. Auflage.

Imbusch, Peter (2012): Macht und Herrschaft in der wissenschaftlichen Kontroverse. In Macht und Herrschaft. Sozialwissenschaftliche Theorien und Konzeptionen, Lehrbuch. Hrsg. von Peter Imbusch. Wiesbaden: Springer VS, 2. Auflage, S.9-36.

Kast, Verena (2021): Abschied von der Opferrolle. Das eigene Leben leben. Freiburg-Basel-Wien: Herder tb.

Klein, Armin (2005): Projektmanagement für Kulturmanager. Wiesbaden: VS, 2. Auflage.

– (2008): Der exzellente Kulturbetrieb. Wiesbaden: VS, 2. Auflage.

– (2009): Leadership im Kulturbetrieb. Kulturmanagement und Kulturpolitik. Hrsg von Andrea Hausmann. Wiesbaden: VS.

Krainz, Waltraud (2009): Riskante Bewegungspraxen. In: Sport Studies hrsg. von Matthias Marschik, Rudolf Müller, Otto Penz, Georg Spitaler. Wien: facultas wuv UTB, S. 239-255.

– (2018): Leben Macht Schreiben. Gesundheit als (Schrift-)Effekt der Biopolitik. In: Vom Krankmelden und Gesundschreiben. Literatur und/als Psycho-Soma-Poetologie? Hrsg. von Artur R. Boelderl. Innsbruck: Studienverlag, S. 107-121.

Kristeva, Julia (2008): Das weibliche Genie. Hannah Arendt. Hamburg: eva Taschenbuch.

Kühl, Stefan (2015): Wenn die Affen den Zoo regieren. Die Tücken der flachen Hierarchie. Frankfurt am Main: Campus, 6. Auflage.

– (2020): Organisationen. Eine sehr kurz Einführung. Wiesbaden: Springer VS, 2. Auflage.

Lagasnerie, Geoffroy de (2021): Das politische Bewusstsein. Passagen forum hrsg. von Peter Engelmann. Wien: Passagen.

Luhmann (1997): Die Gesellschaft der Gesellschaft, Frankfurt am Main (zit. nach Brodocz 2012).

– (2012): Macht. Konstanz München: UVK UTB, 4. Auflage.

Machiavelli, Niccolò (2018): Der Fürst. Frankfurt am Main: Fischer Klassik tb, 5. Auflage.

Mc Kinley, Alan and Ken Starkey (1998a): Managing Foucault: Foucault, Management and Organization Theory. Editet by Alan Mc Kinlay and Ken Starkey. London California New Delhi: SAGE Publications, S.1-13.

– (1998b): The »Velvety Grip": Managing Managers in the Modern Corporation. Editet by Alan Mc Kinlay and Ken Starkey. London California New Delhi: SAGE Publications, S.111-125.

Menke, Christoph (2003): Zweierlei Übung. Zum Verhältnis von sozialer Disziplinierung und ästhetischer Existenz. In: Michel Foucault. Zwischenbilanz einer Rezeption. Frankfurter Foucault-Konferenz 2001. Hrsg. von Axel Honneth und Martin Saar. Frankfurt am Main: suhrkamp tb wissenschaft, S.283-299.

Müller, Hans-Peter (2020): Max Weber. Eine Spurensuche. Berlin: suhrkamp tb wissenschaft.

Nietzsche, Friedrich (1968): Jenseits von Gut und Böse. Kritische Gesamtausgabe, VI.2. Berlin, S 167 (zit. nach Han 2014).

Pechriggl, Alice (2018): Agieren und Handeln. Studien zu einer philosophisch-psychoanalytischen Handlungstheorie. Bielefeld: transcript Edition Moderne Postmoderne.

Profil. Das unabhängige Nachrichtenmagazin Österreichs: #MeToo. Ein Hashtag verändert die Welt. Selten negativ. Fast immer positiv. Nr. 41, 49. Jg, 8. Oktober 2018, S. 93-101.

Reckwitz, Andreas (2018): Die Gesellschaft der Singularitäten. Zum Strukturwandel der Moderne. Berlin: Suhrkamp, 5. Auflage.

Rosa, Hartmut (2005): Beschleunigung. Die Veränderung der Zeitstrukturen in der Moderne. Frankfurt am Main: suhrkamp tb wissenschaft.

Sarasin, Philipp (2009): Darwin und Foucault. Genealogie und Geschichte im Zeitalter der Biologie. Frankfurt am Main: Suhrkamp.

Sauer, Birgit (2012): »Die hypnotische Macht der Herrschaft« – Feministische Perspektiven in der wissenschaftlichen Kontroverse. In Macht und Herrschaft. Sozialwissenschaftliche Theorien und Konzeptionen, Lehrbuch. Hrsg. von Peter Imbusch. Wiesbaden: Springer VS, 2. Auflage, S.379-398.

Seneca (1999): An Lucilius. Briefe über Ethik. In ders.: Philosophische Schriften, 5 Bde., Darmstadt (zit. nach Foucault 2007a)

– (2014): Von der Kürze des Lebens. Das Leben ist lang, wenn du es zu gebrauchen verstehst. München: Beck,11.Auflage.

Streibel, Robert (2019): Der Engel von der Kasernenstrasse. Die Gefängnisaufseherin Hedwig Stocker aus Krems. Mitteilungen der Alfred Klahr Gesellschaft, Nr. 3/2019, S. 7-12; Mitschrift der Radiosendung von Ö1, 22.4. 2022.

Townley, Barbara (1998): Beyond Good and Evil: Depth and Division in the Management of Human Ressources. In: Foucault, Management and Organization Theory. Editet by Alan Mc Kinlay and Ken Starkey. London California New Delhi: SAGE Publications, 1998, S.191-210.

Weber, Max (1972): Wirtschaft und Gesellschaft, Tübingen (aus Imbusch 2012).

– (2020): Politik als Beruf. (Vortrag 1919) In: Max Weber: Wissenschaft als Beruf/Politik als Beruf. Jubiläumsausgabe. Hrsg. von Wolfgang J. Mommsen und Wolfgang Schluchter in Zusammenarbeit mit Brigitt Morgenbrod. Mohr Sibeck Tübingen: utb, S.157-255.

Weick, Karl E. (1979): The Social Psychology of Organizing; Reading/Mass (aus Klein 2008).

Wirth, Hans-Jürgen (2012): Pathologischer Narzissmus und Machtmissbrauch in der Politik. In: Narzissmus. Grundlagen – Störungsbilder – Therapie. Hrsg. von Otto F. Kernberg, Hans-Peter Hartmann. Stuttgart: Schattauer, 2. Auflage, S. 158 – 170.

Woolf, Virginia (1993): Ein Zimmer für sich allein. Frankfurt am Main: Fischer Taschenbuch, 106.-110.000.

Young-Bruehl, Elisabeth (2015): Hannah Arendt. Leben, Werk, Zeit. Erweiterte Ausgabe mit neuem Vorwort. Frankfurt am Main: Fischer Taschenbuch, 4. Auflage.